Tessloffs
Erstes
Experimentierbuch

Von Dr. Rainer Köthe

Illustrationen von Isabelle Dinter

Tessloff Verlag

An junge Forscher und ihre Eltern

Am Beginn allen Forschens stehen Fragen. Das ist in der Wissenschaft nicht anders als bei Kindern, die neugierig ihre Umgebung erforschen und so versuchen, ihre Welt immer besser zu verstehen. Fragen wie „Wovon leben Pflanzen?" oder „Warum geht die Sonne morgens auf?" haben auch berühmte Naturforscher bewegt, und ihre Forschungen führten dann zur Entwicklung wichtiger Wissenschaftszweige wie etwa der Pflanzen- und der Himmelskunde.

In der Naturwissenschaft sucht man solche Fragen durch Experimente zu beantworten. Ein Experiment ist im Grunde eine Frage an die Natur, und man bekommt, wenn man das Experiment richtig wählt und geschickt ausführt, eine klare Antwort. Meist ist die Neugier damit nicht gestillt: Weitere Fragen tauchen auf und werden mithilfe weiterer Versuche beantwortet. Nach und nach wächst so aus zahlreichen Beobachtungen und Versuchsergebnissen die Kenntnis über die Zusammenhänge und Gesetzmäßigkeiten in der Natur. Dieses Buch nimmt sich die Vorgehensweise eines Naturwissenschaftlers zum Vorbild. Es reiht daher nicht nur Versuche auf, sondern bindet sie ein in kleine Forschungsprojekte. Sie beginnen jeweils mit Fragen, wie man sie sich aufgrund von alltäglichen Beobachtungen stellen mag. Dann werden der Versuchsablauf und die Ergebnisse ausführlich erklärt. Textkästen vermitteln zusätzliche Informationen zum jeweiligen Thema.

Es wurden nur Versuche ausgewählt, die leicht auszuführen sind. In aller Regel reichen Utensilien aus Haushalt oder Supermarkt. Es ist auch kein besonderes Laboratorium notwendig: Küche, Garten oder Badezimmer genügen. Empfehlenswert ist, zunächst die nötigen Teile für den Versuch bereitzulegen (sie sind jeweils angegeben). Es ist störend, wenn man erst während des Experiments merkt, dass etwas fehlt und besorgt werden muss. Es ist auch sinnvoll, die Anleitung zunächst vollständig durchzulesen und dann zu beginnen. Die meisten Versuche sind so angelegt, dass Kinder im Alter von acht bis zehn Jahren sie eigenständig ausführen können. Dennoch sollten die Eltern dabei ihren Kindern mit Rat und notfalls Tat zur Seite stehen. Bei wenigen Versuchen muss auf jeden Fall ein Erwachsener anwesend sein und eventuell helfen – diese Versuche sind speziell gekennzeichnet.

Viel Spaß beim Experimentieren mit Schlaumeier & Co!

Inhalt

Wasser, Wind & Wolkenbruch

Wenn du in den Regen kommst und nass wirst, bald darauf aber wieder die Sonne scheint, ist nach einiger Zeit alles wieder trocken. Auch die Pfützen, die der Regen hinterlassen hat, sind nach einigen Stunden verschwunden. Hat Wasser die Fähigkeit, sich in Nichts aufzulösen? Andererseits kommt es scheinbar aus dem Nichts, wenn es als Regen vom Himmel fällt. Oder wenn morgens das Gras nass ist, obwohl es in der Nacht nicht geregnet hat. Haben das seltsame Verschwinden und das rätselhafte Wiederauftauchen vielleicht etwas miteinander zu tun?

Forscherfrage

Warum trocknet nasse Wäsche an der Leine?

So geht's: Feuchte beide Wäschestücke etwa gleich stark mit kaltem Wasser an. Hänge eines auf die Leine. Das andere lässt du einfach neben der Leine in einem Eimer liegen. Prüfe etwa alle drei Stunden nach, welches zuerst trocken ist.

Du brauchst:
- zwei gleich große Wäschestücke, z. B. Geschirrtücher
- Wäscheleine
- Wäscheklammern
- Eimer

Das zeigt: An der Leine trocknet die Wäsche viel schneller als im Eimer. Warum wohl? An der Leine hängend ist die Wäsche schön ausgebreitet und kommt mit besonders viel Luft in Berührung. Offenbar hat die Luft etwas mit dem Trocknen zu tun.

Forscherfrage ②

Wie rasch verdunstet Wasser an der Luft?

Wovon hängt es ab, dass das Wasser verdunstet?
Hat es mit Wind zu tun, also der Bewegung der Luft?
Oder damit, wie warm es ist? Ein Forscher untersucht
solche Fragen, indem er im Experiment jeweils nur einen
Einfluss verändert, die anderen aber gleich lässt.

Du brauchst:

- Wasser
- 2 flache Teller
- ein Glas
- Filzstift
- Ventilator

A ①

②

Das Verschwinden des Wassers in die Luft nennt man übrigens „Verdunsten".

So geht's: (A) Fülle das Glas vollständig mit
Wasser und gieße dann genau die Hälfte davon
auf den Teller (1). Stelle Glas und Teller neben-
einander an einen ruhigen Platz der Wohnung
(2) und schaue in den nächsten Tagen immer
wieder nach: Wo verschwindet das Wasser
rascher, von der großen oder der
kleinen Wasseroberfläche?

(B) Fülle beide Teller mit gleich viel Wasser. Markiere
mit dem Filzschreiber den Wasserstand. Stelle einen
Teller auf die warme Heizung, den anderen an eine
kühle Stelle, etwa in den Keller. Vergleiche wieder
nach ein bis zwei Tagen: Verschwindet das Wasser
am warmen oder am kühlen Platz schneller?

B

(C) Fülle wieder die beiden Teller mit gleich viel Wasser. Markiere mit dem Filzschreiber den Wasserstand. Stelle einen Teller vor den Ventilator, den anderen an einen windstillen, etwa gleich warmen Ort.

Schalte den Ventilator ein (niedrigste Stufe reicht) und vergleiche nach einigen Stunden: Lässt der Wind das Wasser schneller verschwinden?

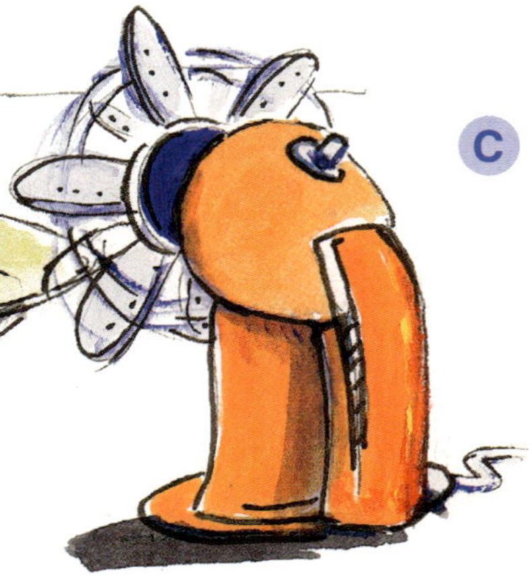

Das zeigt: Je größer die Berührungsfläche zwischen Wasser und Luft ist, desto rascher verdunstet das Wasser. Aber auch Wärme und Luftbewegung steigern das Verdunstungstempo. Wasser kann sich also in der Luft auflösen und wird dabei unsichtbar. Man nennt dieses unsichtbare Wasser „Wasserdampf".

Heiße Luft trocknet Haare

Schon gewusst?

Warme, bewegte Luft, die etwas verdunsten lässt – erinnert dich das an etwas? Natürlich! Ein Fön sendet einen warmen Luftstrom aus und trocknet so nasse Haare schnell. Und was tut ein Wäschetrockner? Auch er bläst warme Luft durch die feuchten Wäschestücke und trägt so die Feuchtigkeit davon. An heißen Tagen bringt ein Ventilator erfrischende Kühle. Aber eigentlich kühlt er die Luft gar nicht – er sorgt nur dafür, dass der Schweiß auf unserer Haut rascher verdunstet.

Was geschieht beim Verdunsten?

Wasser besteht aus kleinsten Teilchen, die Moleküle genannt werden. Sie sind sehr, sehr klein: Selbst ein winziges Wassertröpfchen enthält eine riesige Anzahl davon. Diese Moleküle ziehen sich gegenseitig an, sie kleben sozusagen aneinander. Je wärmer es ist, desto rascher bewegen sich die Moleküle. Dabei gelingt es immer wieder einigen, die „Klebekraft" der anderen Moleküle zu überwinden und in die Luft zu entweichen. Je größer die Berührungsfläche zwischen Wasser und Luft ist, desto mehr sind es.

Je wärmer das Wasser ist, desto mehr Molekülen gelingt die „Flucht", deshalb verdunstet wärmeres Wasser rascher. Die meisten Moleküle haben allerdings nur gerade so viel Kraft, dass sie zwar das Wasser verlassen können, aber zunächst nahe der Wasseroberfläche bleiben. Manche fallen auch wieder zurück. Schon leichter Wind hilft ihnen bei der Flucht. Übrigens: Sehen kann man die einzelnen Moleküle nicht, dazu sind sie viel zu winzig. Nur wenn Abermilliarden zusammenhängen, wird das für uns als Wassertröpfchen sichtbar.

Verschwindendes Wasser überall

Es gibt viele Beispiele dafür, dass Wasser von selbst verschwindet:

● Es hat geregnet, Bäume, Büsche, Straßen und Wege sind nass. Aber spätestens einige Stunden nach dem Regenguss ist alles wieder ziemlich trocken. Selbst die Asphaltstraße, auf der Regenwasser nicht versickern kann. Wind und Sonnenschein lassen das Wasser noch schneller verschwinden.

● Du fährst mit deinen Eltern im Auto durch den Regen. Kaum seid ihr aus dem Guss heraus, treibt der Fahrtwind die letzten Tropfen davon, und nach wenigen Minuten ist das Auto wieder trocken.

● Nach Herbstnächten glitzern Gras, Blätter und Spinnennetze vom Tau. Doch schon bald nach Sonnenaufgang ist die funkelnde Pracht wieder verschwunden.

Forscherfrage ③

Woher weiß man, ob Luft viel oder wenig Wasserdampf enthält?

Kommst du einige Stunden nach dem Duschen wieder ins Badezimmer, sind die Tropfen und Lachen verschwunden. Dafür fühlt sich die Luft eigenartig feucht an, weil in ihr das verdunstete Wasser steckt. Luft kann also mehr oder weniger Wasserdampf enthalten. Sehen kann man ihn nicht. Aber ein Forscher weiß sich zu helfen: Baue dir einfach ein Anzeigegerät für die Luftfeuchtigkeit.

Du brauchst:
- ein 10-15 cm langes Haar
- Seife
- Stecknadel
- kräftige Pappe
- Trinkhalm
- Klebeband
- Bleistift
- Schere

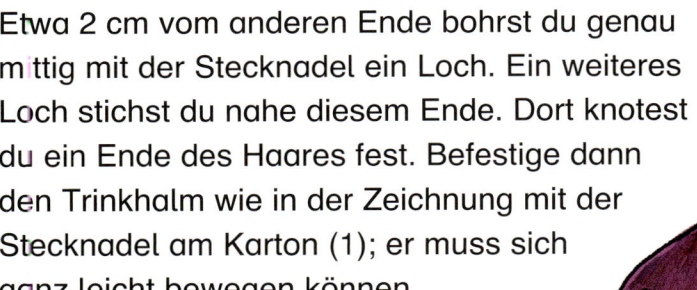

So geht's: Ein Haar reagiert auf wechselnde Luftfeuchtigkeit, indem es kürzer oder länger wird. Das nutzt du aus. Wasche zunächst das Haar mit Seifenwasser und trockne es gut. Schneide aus Pappe ein etwa 20 x 20 cm großes Stück. Kürze den Trinkhalm auf 10 cm und halbiere ihn längs. Schneide ein Ende zu einer scharfen Spitze als Zeiger.

Etwa 2 cm vom anderen Ende bohrst du genau mittig mit der Stecknadel ein Loch. Ein weiteres Loch stichst du nahe diesem Ende. Dort knotest du ein Ende des Haares fest. Befestige dann den Trinkhalm wie in der Zeichnung mit der Stecknadel am Karton (1); er muss sich ganz leicht bewegen können.

Das andere Ende des Haares befestigst du mit Klebeband weiter unten am Karton, so dass es durch das Zeigergewicht straff gespannt ist (ein Knoten im Haar verhindert, dass es durchrutscht).

Stelle das Gerät nun einige Minuten lang ins feuchte Badezimmer (2) und markiere dann mit dem Bleistift die Stellung der Zeigerspitze. Bringe dann das Gerät in möglichst trockene Luft und markiere nach einem Tag wieder die Zeigerstellung. Schreibe hier „trocken" daneben, an die andere Markierung „feucht".

Von nun an kannst du die jeweilige Luftfeuchtigkeit an der Zeigerstellung ablesen.

Luftfeuchtigkeit

Schon gewusst?

Man spürt es, ob die Luft sehr trocken oder sehr feucht ist: Niedrige Luftfeuchtigkeit trocknet Lippen und Kehle aus, während man bei hoher Luftfeuchtigkeit ein unangenehmes Schwitzgefühl hat – dann kann nämlich Schweiß schlechter verdunsten als sonst. Manche Materialien reagieren auf den Grad der Luftfeuchtigkeit. Kiefernzapfen schließen sich in feuchter Luft, um die Samen darin vor Regen zu schützen. Die bekannten Wetterhäuschen enthalten ein dünnes, verdrilltes Bündel Pferdehaare. Es drillt sich je nach Luftfeuchtigkeit mehr oder weniger auf und dreht so entweder die sommerlich gekleidete Dame oder den Mann mit dem Regenschirm hervor.

Wie kann man Wasser aus der Luft wieder sichtbar machen?

Du weißt: Manchmal wird das unsichtbare Wasser in der Luft wieder sichtbar. Zum Beispiel bilden sich an einem warmen Sommertag winzige Wassertröpfchen an einer Flasche Wasser aus dem Kühlschrank. Ob es die Kälte ist, die den Wasserdampf wieder zu Wasser macht?

Du brauchst:

- 2 Einmachgläser mit Deckel
- Küchenpapier
- Gabel

So geht's: Mach zwei Blätter Küchenpapier schön nass und lege in jedes Glas eines. Stelle beide Gläser verschlossen an einen warmen Ort, etwa auf die Heizung oder in die Sonne (1). Nach einer Stunde angelst du rasch mit der Gabel aus beiden das Papier heraus und verschließt sie wieder (2). Beide Gläser sind jetzt mit sehr feuchter Luft gefüllt, die vom nassen Papier stammt. Stelle nun eines in den Kühlschrank, das andere irgendwo in die Küche. Schau nach einer Stunde nach: Im gekühlten Glas haben sich viel mehr Wassertröpfchen gebildet als im anderen (3). Stelle dieses Glas ungeöffnet einen Tag lang an einen warmen Ort: Die Tröpfchen lösen sich wieder auf.

Das zeigt: Tatsächlich lässt sich durch Abkühlen Wasser aus feuchter Luft gewinnen. Es setzt sich in Form winziger Tröpfchen wieder ab. Beim erneuten Erwärmen verdunstet es wieder.

Für Schlaumeier

Wie Unsichtbares wieder sichtbar wird

Wie viel Wasser sich in Luft auflösen kann, hängt stark von der Temperatur ab: Je kühler es ist, desto weniger Wasser löst sich. Umgekehrt löst sich umso mehr, je wärmer es ist. Wenn die Luft bei sinkender Temperatur nicht mehr alles Wasser gelöst halten kann, scheidet sich das überschüssige Wasser ab und bildet Tröpfchen. Man sagt dazu: Es „kondensiert". Wir leben in Mitteleuropa in einer wasserreichen Umgebung: Das Meer ist nicht weit, und zudem regnet es oft. Unsere Luft enthält daher stets mehr oder weniger unsichtbaren Wasserdampf.

Es kommt recht häufig vor, dass sich Wasserdampf aus der Luft niederschlägt:

● An kühlen Tagen beschlagen die Innenseiten der Autofenster sehr leicht, weil dort die Feuchtigkeit der Innenluft kondensiert.

● Besonders im Herbst ist es tagsüber meist warm. In der Nacht kühlen Boden und Luft aber besonders rasch ab. Dann kondensiert die tagsüber aufgenommene Feuchtigkeit zu Nebel aus. Manchmal bilden sich nachts auch Tautröpfchen auf Pflanzen und Spinnennetzen.

● Wenn du dich an einem heißen Sommertag mit einem kühlen Getränk erfrischst, beschlägt die Außenseite des Glases oder der Dose auch rasch.

● An kühlen Tagen bildet dein Atem kleine Nebelwölkchen. Denn auch der Atem ist reich an Wasserdampf. Eigentlich kein Wunder: Er strömt von der Lunge durch Luftröhre und Mund – lauter Organe mit feuchten Wänden. Mischt sich die warme, feuchte Luft nach dem Ausatmen mit kühler Außenluft, kondensiert ein Teil des Wasserdampfs zu kleinen Wölkchen.

● Beim Duschen oder Baden in der Wanne beschlagen Fenster und Spiegel, weil das warme Badewasser viel Feuchtigkeit an die Luft abgibt.

Wie entstehen Wolken?

Nicht nur die Atemluft bildet Wölkchen. Oft wabern auch im Badezimmer richtige Wölkchen, vor allem, wenn man das Fenster öffnet und kühle Luft hereinweht. Auch der Himmel ist voller Wolken, wenn es regnet. Haben also auch Wolken etwas mit verdunstetem und kondensiertem Wasser zu tun? Dann müsstest du aus feuchtwarmer und kühler Luft auch Wolken erzeugen können.

So geht's: Fülle den Topf etwa 2 cm hoch mit warmem Wasser. Schwenke dann die kalte Eisschale über dem Wasser im Topf herum. Sofort bilden sich feine Wölkchen.

Du brauchst:

- warmes Wasser (etwa Badewannentemperatur)
- großer Topf
- Schale mit Eiswürfeln (oder etwas Kaltes aus dem Tiefkühlschrank)

Das zeigt: Wolken bilden sich, wenn sich feuchtwarme Luft mit kühler Luft mischt. Die kühle Luft stammt in diesem Fall von der Eisschale. Sie kondensiert einen Teil der Luftfeuchtigkeit zu Wolken aus feinsten Wassertröpfchen.

Gebirge aus Wassertröpfchen

Auch in der Natur entstehen Wolken meist beim Zusammentreffen von feuchtwarmer Luft mit kühlerer Luft. In größerer Höhe ist die Luft kühler als nahe am Boden. Wenn nun warme und feuchte Luft vom Boden aufsteigt, erreicht sie in einer bestimmten Höhe kühlere Luftschichten.

Dann kondensiert die Feuchtigkeit der Luft zu Tröpfchen, die Wolken bilden. In noch größerer Höhe können die Tröpfchen sogar zu feinen Eiskristallen gefrieren. Im direkten Sonnenlicht sind die Wolken strahlend weiß und ziehen an schönen Sommertagen als „Schäfchenwolken" über den blauen Himmel.

Schäfchenwolken

Für Schlaumeier

Wettervorhersage

Quellwolken

Es gibt viele unterschiedliche Wolkenformen, diese verraten dir etwas über das Wetter: Im Sommer kommt es oft vor, dass die Luft warm und feucht ist. Kommt dann eine Welle kalter Luft (eine „Kaltfront") heran, drückt die kühle Luft die feuchtwarmen Luftmassen rasch nach oben. Dadurch entstehen kräftige Regenwolken, die sich zunächst als Quellwolken nach oben ausdehnen und einem Blumenkohl ähneln. Wachsen sie weiter, nehmen sie oft die Form eines Ambosses an und bekommen zerfaserte Ränder. Dann ist mit Platzregen, Hagel, Blitz und Donner zu rechnen.

Regen-wolken

Schleierwolken

Zieht dagegen eine Masse feuchtwarmer Luft (eine „Warmfront") heran, schiebt sie sich über die am Boden ruhende Kaltluft. Es bilden sich feine, in sehr großer Höhe schwebende Schleierwolken, die nach und nach dichter werden und dann als gleichmäßig graue Schicht den Himmel bedecken. Aus ihr fällt schließlich meist lang andauernder Regen oder eventuell Schnee.

Der Kreislauf des Wassers

Das Wasser der Erde ist ständig in Bewegung, angetrieben von der Wärme der Sonne. An zahlreichen Stellen verdunstet Wasser, besonders an der riesigen Oberfläche der Meere und Ozeane. Es steigt empor und bildet Wolken, aus denen es als Regen wieder auf die Erde fällt. Der meiste Regen geht über dem Meer nieder, aber einen Teil der Wolken treibt der Wind übers Festland, so dass es dort regnet oder schneit. Dieser Niederschlag versorgt uns mit Süßwasser und ist daher für Pflanze, Tier und Mensch lebenswichtig. Ein Teil des Wassers läuft an der Erdoberfläche ab; es füllt Seen und Teiche und bildet Rinnsale, Bäche und Flüsse, die wiederum dem Meer zuströmen. Ein anderer Teil sickert in die Erde und sammelt sich über wasserundurchlässigen Gesteinsschichten als „Grundwasser". Aus ihm speisen sich Quellen und Brunnen.

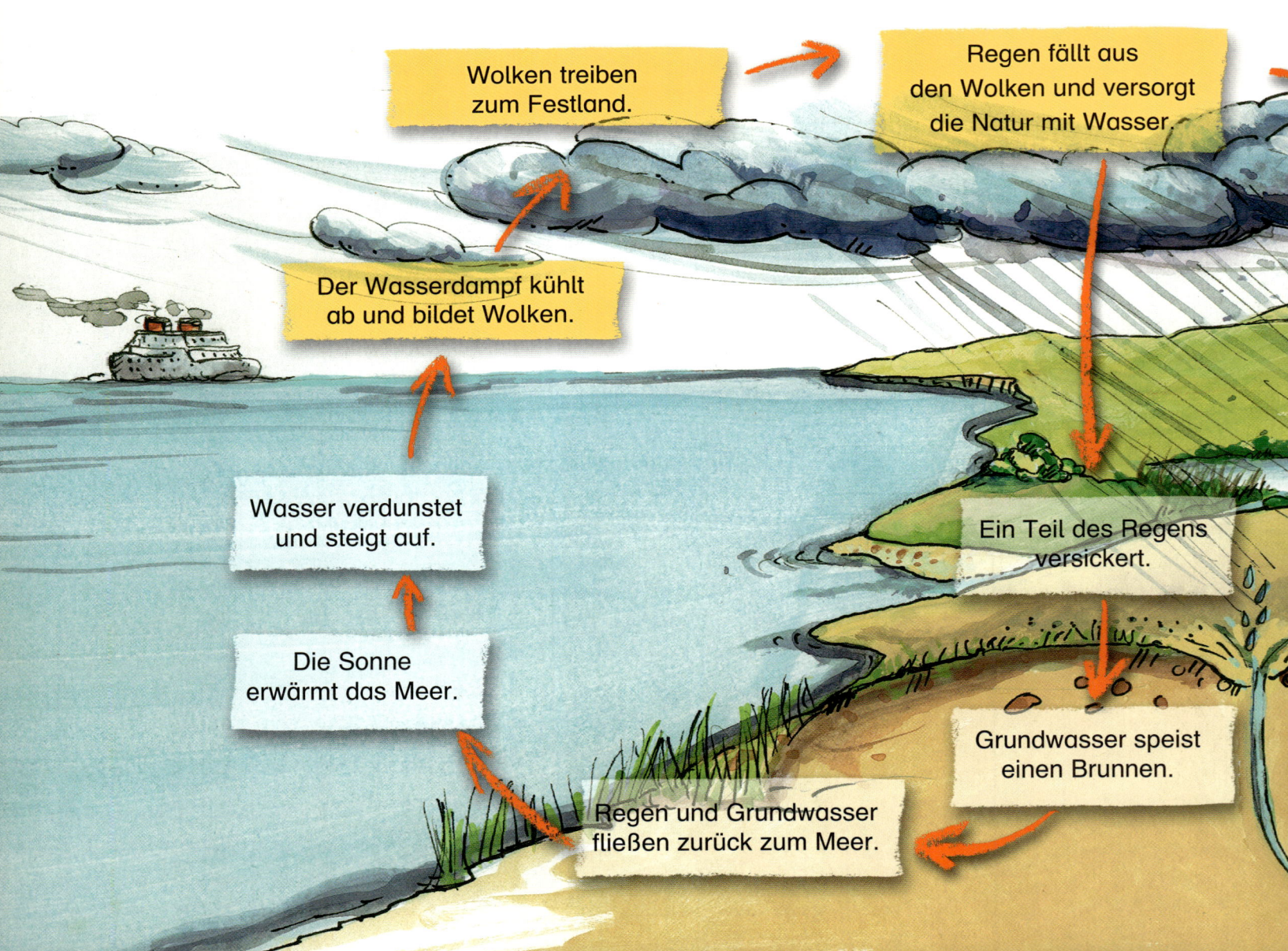

Wolken treiben zum Festland.

Regen fällt aus den Wolken und versorgt die Natur mit Wasser.

Der Wasserdampf kühlt ab und bildet Wolken.

Wasser verdunstet und steigt auf.

Die Sonne erwärmt das Meer.

Ein Teil des Regens versickert.

Grundwasser speist einen Brunnen.

Regen und Grundwasser fließen zurück zum Meer.

Funktioniert der Wasserkreislauf nur im Großen?

Im Gegenteil: Du kannst dir ganz leicht ein Mini-Modell des Wasserkreislaufs bauen: einen Pflanzengarten im Glas.

Du brauchst:

- 1 Liter-Einmachglas
- Frischhaltefolie • Blumenerde
- Kressesamen oder einige Zentimeter kleine Pflanzen vom Gärtner

Der Regen speist Flüsse und Seen.

So geht's: Fülle das Glas etwa 3 cm hoch mit gesiebter Gartenerde. Säe Kressesamen in die Erde oder pflanze Mini-Grünpflanzen hinein. Feuchte die Erde gut an; sie darf aber nicht zu nass sein. Verschließe das Glas mit der Folie und stelle es auf die Fensterbank. Im Laufe einiger Wochen wachsen die Pflanzen schön heran und bleiben auch frisch, ohne dass du sie gießen musst.

Das zeigt: Das Wasser in deinem Pflanzengarten verdunstet aus der Erde; auch die Pflanzen geben Wasserdampf ab. Er kann nicht entweichen und kondensiert an etwas kühleren Stellen wieder zu flüssigem Wasser, das in die Erde herabrinnt, ähnlich wie Regen.

Grüne Blätter, bunte Blüten

Wir sind umgeben von grünen Pflanzen aller Art in unvorstellbar hoher Zahl. Sie machen unsere Welt schöner und bunter. Und, noch wichtiger, sie liefern uns und allen Tieren einen großen Teil der Nahrung. Ohne sie gäbe es weder Getreide, Gemüse und Obst noch Futtergras. Doch was essen eigentlich Pflanzen? Müssen sie auch atmen? Was brauchen sie zum Leben? Das sind spannende und wichtige Themen für einen Forscher.

Forscherfrage 7

Brauchen Pflanzen Licht?

Du hast sicher schon Gras gesehen, das mehrere Tage lang zugedeckt war, weil etwas auf dem Rasen lag. Dieses Gras ist nicht mehr grün, sondern gelblich. Was könnte das Grün vertrieben haben? Probiere einmal aus, was mit Pflanzen passiert, die kein Licht haben.

Du brauchst:
- Blumentopf/Schale
- Blumenerde
- Kressesamen
- Karton
- Klebeband

So geht's: Fülle den Topf mit Erde, feuchte sie gut an (aber nicht zu nass machen!) und säe Kressesamen hinein. Stelle den Topf einige Tage lang ans Licht, bis die Kresse schön gewachsen und etwa 3 cm hoch ist. Prüfe täglich mit dem Finger, ob die Erde noch feucht genug ist, und gieße deine Kresse, wenn sie trocken ist.

Stelle dann den Kressetopf in einen kleinen Karton. Verklebe alle Ritzen, so dass möglichst kein Licht hineinfällt. Nach einigen Tagen schaust du nach: Die Kresse hat viel von ihrer grünen Farbe verloren und wirkt immer kränklicher, je länger sie im Dunkeln steht. Wenn du sie aber rechtzeitig wieder ans Licht setzt, wird sie wieder grün und kräftig.

Das zeigt: Bekommen Pflanzen längere Zeit kein Licht, werden sie krank und sterben ab. Erstes Zeichen: Sie verlieren ihre grüne Farbe. Offenbar hat das Grün mit dem Lichthunger der Pflanze zu tun.

Für Schlaumeier

Gierig nach Licht

Alle grünen Pflanzen sind auf Licht angewiesen. Sie brauchen es, um zu wachsen und Nährstoffe zu bilden. Sie „essen" sozusagen mithilfe des Lichts. Der grüne Farbstoff, das Blattgrün, hilft ihnen beim Auffangen des Lichts. In Teilen, auf die längere Zeit kein Licht fällt, baut die Pflanze diesen Farbstoff dagegen ab. Unter dem Mikroskop kann man erkennen, wo genau das Blattgrün steckt: Es liegt in bestimmten Kammern („Zellen") des Blattes, und zwar in Form grüner linsenförmiger Gebilde, den Blattgrünkörperchen.

vergrößerter Blattquerschnitt

Zellen der Pflanzen

Blattgrünkörperchen

Wie lichthungrig sind Pflanzen?

Wenn du Hunger hast, suchst du dir etwas zu essen. Pflanzen können nicht umherwandern. Du hast aber sicher schon beobachtet, dass Zimmerpflanzen ihre Blätter zum Fenster hin ausrichten. Pflanzen können also offenbar so wachsen, dass sie möglichst viel Licht einfangen. Das solltest du genauer untersuchen. Natürlich sind wir immer von viel Licht umgeben. Damit wir die Lichtsuche von Pflanzen beobachten können, müssen wir sie daher ins Dunkle stellen.

So geht's: (A) Fülle wie im vorigen Versuch den Topf mit feuchter Erde, säe Kressesamen ein und lasse sie einige Tage wachsen. Dann feuchtest du die Erde nochmal gut an und stellst den Topf in einen Karton, den du rundherum so verklebst, dass kein Licht eindringen kann.

Du brauchst:
- Blumenerde
- Blumentopf/Schale
- Kressesamen
- (Schuh-)Karton und Pappe
- schwarze Tusche/Farbe
- Pinsel und Schere
- Klebeband
- Bohne oder Kartoffelkeim

Nur an einer Stelle bohrst du mit der Schere ein winziges Loch in den Karton (1). Schaue dir nach einigen Tagen deine Kresse an: Die Stielchen und Blättchen haben sich zum Licht gewendet (2).

(B) Ob eine Pflanze auch einen gewundenen Weg zum Licht findet? Klebe in deinen Karton zwei oder drei Trennwände ein, wie es die Zeichnung zeigt (2). In jede schneidest du ein münzgroßes Loch. Achte darauf, dass sich die Löcher nicht gegenüberstehen. Auch die Außenwand bekommt ein solches Loch. Male das Innere des Kartons mit schwarzer Farbe an, damit eindringendes Licht möglichst geschluckt wird.

B

1

2

3

4

Pflanze nun in deinen Blumentopf eine Bohne (am besten eine Saatbohne aus dem Gartengeschäft) und warte, bis sie einen kleinen Spross gebildet hat. Halte dabei die Erde ständig gut feucht, aber nicht nass. Dann stellst du den Topf in den Karton (3) und verschließt ihn so, dass nur durch das eine Außenloch Licht fällt. Nach einigen Tagen schiebt sich der Bohnenspross aus dem Loch (4).

Das zeigt: Pflanzen wachsen immer zum Licht hin, und sie nehmen dabei sogar Umwege in Kauf.

Für Schlaumeier

Kampf ums Licht

Lange Stängel bilden die meisten Pflanzen vor allem, damit sie ihre Blätter dem Licht entgegenstrecken können. Im Wald herrscht zwischen den Bäumen geradezu ein „Kampf" um das Licht: Jeder versucht, seinen Stamm möglichst hoch zu recken, um nicht von den anderen Bäumen beschattet zu werden. Und unter jeder Lücke im Kronendach wachsen Büsche und krautige Pflanzen – zumindest so lange, bis sie sich geschlossen hat. Ohne Licht geht es also nicht!

Wie nehmen Pflanzen Wasser auf?

Licht allein reicht zum Wachsen noch nicht. Deine Kresse braucht feuchte Erde, Topfpflanzen werden regelmäßig gegossen und Blumen stellt man in eine Vase mit Wasser. Pflanzen brauchen außer Licht offenbar auch Wasser, um zu wachsen – aber wie nehmen sie das Wasser auf?

So geht's: Fülle das Glas zu drei Vierteln mit Wasser. Stelle den Stängel hinein. Gib einige Millimeter hoch Speiseöl aufs Wasser – es verhindert, dass das Wasser direkt verdunstet (1).

Du brauchst:

- ein Glas
- einige Tropfen Speiseöl
- Stängel mit weißer Blüte (zum Beispiel eine weiße Nelke, oder eine Margerite)
- Lebensmittelfarbe (gibt's im Supermarkt, notfalls tut es auch Tinte)
- Filzstift

Markiere mit dem Filzstift den Wasserstand (2). Beobachte nun täglich, wie sich der Wasserstand verändert.

Das Wasser wird allmählich weniger (3). Offenbar wandert es in die Pflanze. Willst du seinen Weg verfolgen?

Wiederhole den Versuch. Färbe diesmal aber das Wasser kräftig mit Lebensmittelfarbe an (4) und warte wieder einige Tage ab.

Das zeigt: Die Pflanze saugt Wasser durch ihren Stängel empor. Den Farbstoff im Wasser nimmt sie dabei mit. Der Farbstoff zeigt, dass sich das Wasser durch feine Adern in der Pflanze verteilt; besonders an der weißen Blüte kann man das gut erkennen (5).

Wasserleitungen in Stängel und Blatt

Für Schlaumeier

Schneide einen möglichst großen Pflanzenstängel durch und schaue dir mit einer Lupe die Schnittstelle an. Dann entdeckst du feinste Röhrchen, die „Leitbündel". In ihnen strömt das Wasser in der Pflanze empor. Der Stängel ist aber nur die Transportleitung.

Mittelrippe

Blattader

Leitbündel

Stiel

Stängel

Das Wasser stammt aus dem Erdboden. Von dort saugen es die Pflanzen mit feinsten Wurzelhärchen auf und leiten es durch den Stängel zu Blättern und Blüten. Dort verzweigen sich die winzigen Röhrchen zu einem Netz aus immer feineren Adern. In Blättern kannst du diese „Blattadern" besonders gut erkennen.

Forscherfrage 10

Wo bleibt das Pflanzenwasser?

Im letzten Versuch hat dein Stängel im Laufe einiger Tage eine ganz ordentliche Menge Wasser aufgesogen. Wo ist es geblieben? Nehmen Pflanzen vielleicht nicht nur Wasser auf, sondern geben auch welches ab? Wenn ja, dann wohl vor allem durch die Blätter – denn deine Pflanze hat ja nur Stängel und Blätter.

So geht's: Streife den Plastikbeutel über deinen Zweig im Glas oder über den Zweig eines Busches mit einigen Blättern. Verschließe die Öffnung mithilfe des Klebebands. Spätestens nach einigen Tagen erkennst du viele Wassertröpfchen an der Innenseite des Plastikbeutels.

Du brauchst:
- durchsichtiger Plastikbeutel (zum Beispiel Gefrierbeutel)
- Klebeband
- Glas
- belaubter Zweig eines Busches

1

2

Das zeigt: Blätter geben Wasser als unsichtbaren Wasserdampf ab. Er hat sich in dem Plastikbeutel in flüssiger Form abgesetzt. Normalerweise würde sich das verdunstete Wasser unbemerkt in der Luft verteilen.

Der Weg des Wassers

Pflanzen holen sich das Wasser mittels ihrer Wurzeln aus dem Erdboden. Die Wurzeln drücken das Wasser nach oben in die Wasserleitungsröhrchen. Allerdings würde dieser Druck niemals ausreichen, um etwa eine 30 Meter hohe Baumkrone zu versorgen. Hier hilft die Verdunstung des Wassers an den Blättern. Sie erzeugt einen Sog, so wie wenn du an einem Trinkhalm saugst. Dadurch wird das Wasser emporgezogen.

Eine prächtige Buche. Die Gesamtoberfläche der Blätter entspricht der Bodenfläche eines großen Gartens.

Verdunstung

Erdreich

Wurzeln

Unterseite des Blattes

Spaltöffnung

Durstig

Es ist kaum zu glauben, welche Wassermengen ein Baum durch seine feinen Röhrchen befördert. Eine kräftige Buche verdunstet an einem warmen Sommertag rund 400 Liter Wasser!
Der Wasserdampf dringt durch winzig kleine Spalten nach draußen. Diese „Spaltöffnungen" sitzen meist an der Blattunterseite. Die Pflanze kann sie öffnen und schließen und so regeln, wie viel Wasser verdunstet.

Sprudelgas macht Pflanzen stark

Schon gewusst?

Pflanzen brauchen nicht nur Licht und Wasser, sondern auch Luft zum Leben. Dabei nehmen sie nur einen bestimmten Bestandteil der Luft auf, nämlich ein Gas namens Kohlendioxid. Du kennst es vom Mineralwasser; dort sorgt es für den erfrischenden, leicht säuerlichen Geschmack und für das Sprudeln. Kohlendioxid bildet sich im Körper von Menschen und Tieren; es ist daher in der Luft, die wir ausatmen. 3000 Liter Luft enthalten nur einen Liter Kohlendioxidgas. Und diese geringe Menge filtern sich die Pflanzen heraus, indem sie die Luft durch die Spaltöffnungen ihrer Blätter sickern lassen. Aus Kohlendioxid und Wasser stellen sie sich dann in einer gewaltigen chemischen Aufbauleistung all die Stoffe her, aus denen sie bestehen. Und damit auch die Stoffe, die wir und viele Pflanzen fressende Tiere als Nahrung brauchen.

Forscherfrage 11

Brauchen wir Pflanzen zum Atmen?

Pflanzen, so heißt es, verbessern die Luft. Ohne sie könnten wir gar nicht leben. Was mag das bedeuten?

So geht's: Fülle die Schüssel mit Wasser und lege die Wasserpflanze hinein. Tauche das Glas in die Schüssel, so dass es sich vollständig füllt. Drehe es dann unter Wasser mit der Öffnung nach unten und stülpe es über die Wasserpflanze. Stelle die Schüssel ein paar Tage lang an einen sonnigen Platz. Bald werden sich im Wasser einige Luftblasen

zeigen. Vor allem aber bilden sich an der Pflanze silbrige Gasbläschen. Mit der Zeit steigen sie auf, und oben im Glas bildet sich eine wachsende Gasblase.

Du brauchst:

- Wasserpflanze (z. B. Wasserpest aus dem Aquarienladen)
- Schüssel
- durchsichtiges Trinkglas

Das zeigt: Pflanzen verbrauchen nicht nur Luft, sie erzeugen auch ein Gas und geben es in die Luft ab. Das tun übrigens alle grünen Pflanzen, bei Wasserpflanzen kann man es nur besonders gut sichtbar machen.

Gase im Kreislauf

Für Schlaumeier

Erzeugung von Kohlendioxid durch die Atmung

Pflanzen stellen Sauerstoff her

Das Gas, das die Pflanzen abgeben, nennt man Sauerstoff. Dank der grünen Pflanzen auf unserer Erde besteht die Luft zu etwa einem Fünftel daraus. Und das ist auch gut so. Denn alle Tiere und Menschen brauchen diesen Sauerstoff zum Atmen. Ohne ihn würden wir ersticken. Bei der chemischen Umsetzung der Nahrung im Körper entsteht Kohlendioxid, das wir ausatmen. Auch wenn etwas brennt, wird dieses Gas frei. So wird der Vorrat an Kohlendioxid in der Luft immer wieder aufgefüllt. Tiere und Pflanzen helfen sich auf diese Weise also gegenseitig: Die Pflanzen brauchen Kohlendioxid und erzeugen Sauerstoff, Tiere und Menschen dagegen verbrauchen Sauerstoff und erzeugen dafür Kohlendioxid.

Sonnenschein & Schattenspiele

Alle Lebewesen sind auf das Licht und die Wärme der Sonne angewiesen. Grund genug also, sich mit ihr zu beschäftigen. Als Forscher hast du sicher längst den täglichen Lauf der Sonne beobachtet und dir gemerkt, an welchen Stellen des Horizonts sie im Laufe des Jahres jeweils morgens ihre Bahn über den Himmel beginnt und wo sie untergeht. Aber weißt du auch, dass man den Lauf der Sonne als Zeitmesser nutzen kann, ja dass sie sogar Tag und Nacht bestimmt? Grund genug, sich mit dem hellen Gestirn näher zu beschäftigen.

Forscherfrage 12

Wann wirft die Sonne den kürzesten Schatten?

Morgens und abends, wenn die Sonne tief steht, sind die Schatten am längsten. Doch wann ist der Schatten eigentlich am kürzesten?

So geht's: Beginne diesen Versuch gegen 10 Uhr vormittags an einem wolkenlosen Tag. Suche dir eine Stelle mit glattem Boden, die über Mittag volle Sonne hat. Stelle den Stock in die Flasche; er soll oben nur noch ein kurzes Stück herausschauen. Klebe sechs DIN A 4-Blätter so zusammen, wie es die Zeichnung zeigt, lege sie auf den Boden und befestige sie mit Klebeband (1). Stelle die Flasche so davor, dass der Stock einen Schatten aufs Papier wirft. Während der Schatten weiterwandert, markierst du mit dem Bleistift

Du brauchst:

- Stock von etwa 40 cm Länge
- leere Flasche
- Papier
- Klebeband
- Bleistift
- Lineal

etwa alle zehn Minuten das Schattenende (2) und schreibst die jeweilige Uhrzeit dazu, ungefähr bis 14 oder 15 Uhr.

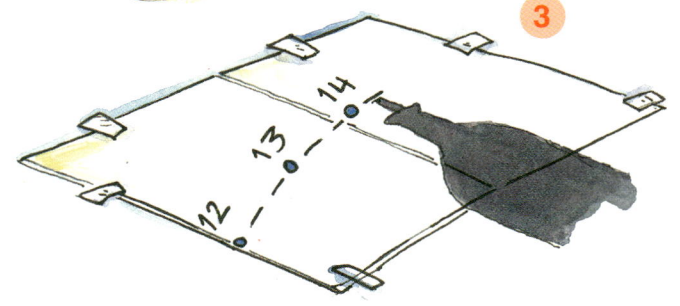

Warnung
Die Sonne ist sehr hell. Schaue daher niemals direkt hinein – erst recht nicht mit einem Fernglas: Du würdest sofort deine Augen schädigen, und zwar für immer!

1

Nord
West
Ost
Süd

2

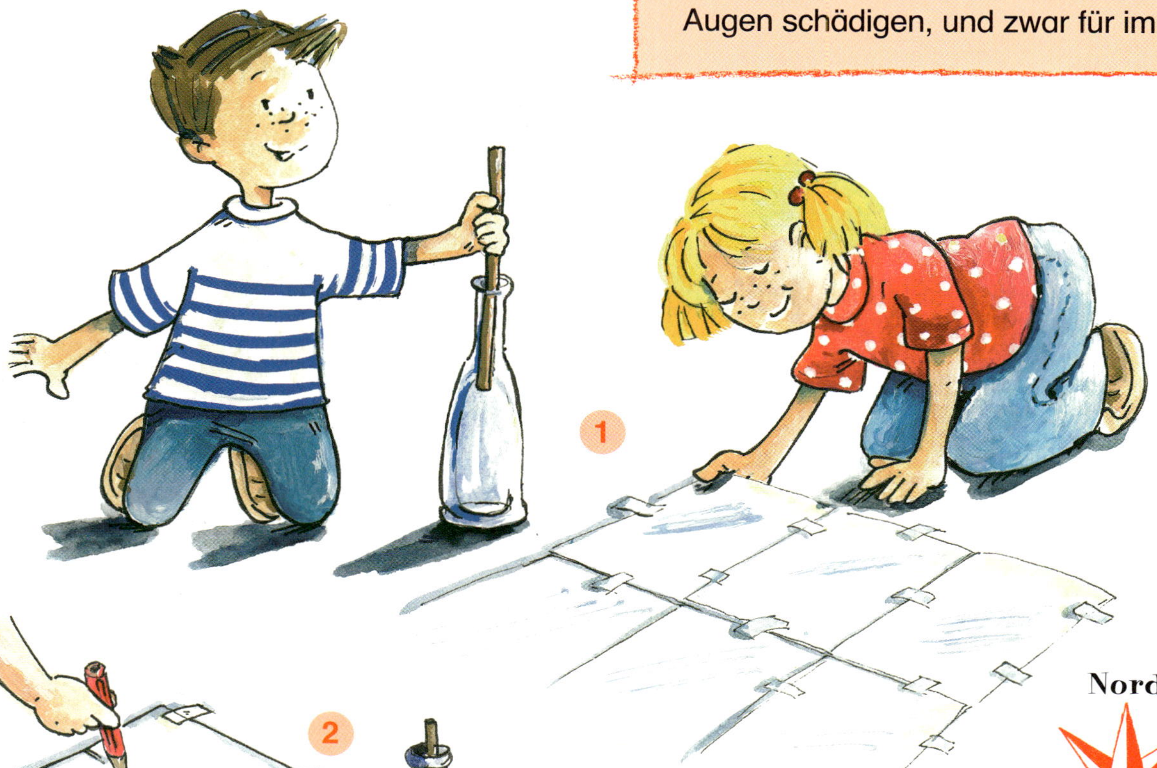

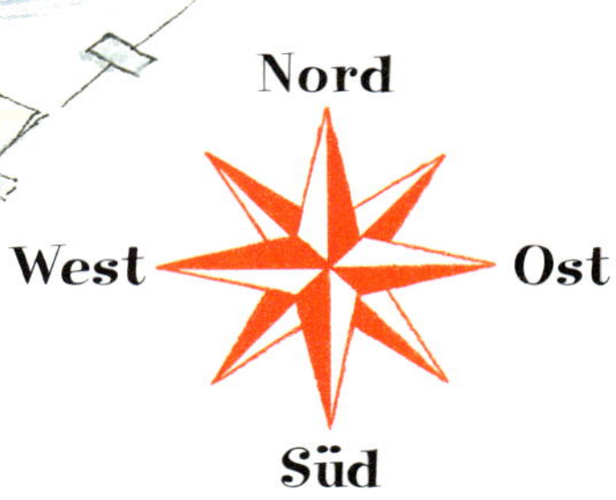

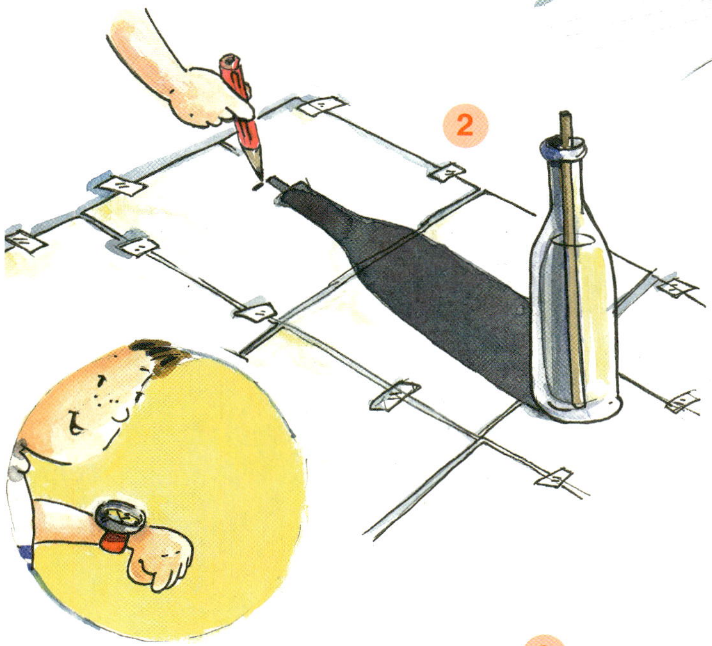

Miss jeweils mit dem Lineal die Schattenlänge. Die Markierungen bilden schließlich eine schwach gekrümmte Linie (3). Dort, wo sie dem Stock am nächsten kommt, war der Schatten am kürzesten.

3
14
13
12

Das zeigt: Die Sonne erreicht mittags den höchsten Punkt ihrer Bahn, so dass die Schatten am kürzesten sind. Ziehe von diesem Punkt eine Linie zum Stock. Verlängerst du sie, zeigt sie genau in die Himmelsrichtung, die man Süden nennt. Die Gegenrichtung heißt Norden, und quer dazu liegen Westen und Osten.

Die Sommerzeit

Hast du diesen Versuch im Sommer ausgeführt? Dann hat es dich vielleicht gewundert, wieso die Sonne erst um 13 Uhr ihren Höchststand erreichte. Denn eigentlich hat man die Uhrzeiten so festgelegt, dass die Sonne jeweils um 12 Uhr mittags ihren höchsten Stand erreicht. Der Grund ist die „Sommerzeit". In Deutschland werden an einem Sonntagmorgen Ende März alle Uhren Punkt 2 Uhr nachts auf 3 Uhr vorgestellt. Sie zeigen dann nicht mehr die normale Zeit an, sondern gehen eine Stunde vor. Ende Oktober wird dann wieder auf die normale Zeit umgestellt. Abends ist es so scheinbar eine Stunde länger hell (die Sonne geht zum Beispiel statt um 21 Uhr erst um 22 Uhr unter). Diese Umstellung betrifft natürlich nur alle elektrischen und mechanischen Uhren, nicht aber die Sonne selbst. Sie erreicht daher nur im Winter ihren Höchststand etwa um 12 Uhr, in der „Sommerzeit" dagegen erst eine Stunde später.

Forscherfrage 13

Kann ein Schatten die Zeit anzeigen?

Schon vor einigen Tausend Jahren haben Menschen die Bewegung der Schatten während des Tages beobachtet und dies zum Einteilen des Tages in Stunden genutzt. Seither wurden viele Formen solcher Sonnenuhren erfunden. Die hier vorgestellte ist recht einfach zu basteln.

Du brauchst:
- fester Zeichenkarton
- Schere
- Klebstoff
- Kompass
- Filzstift

So geht's: Schneide aus dem Karton ein Rechteck von 30 mal 20 cm Größe. Bastle dir außerdem ein Dreieck, wie es die Zeichnung zeigt (Seitenlängen: 120 mm, 77 mm, 92 mm). Du kannst es aus dem Buch abpausen und auf den Karton übertragen (1). Dieses Dreieck dient als Schattengeber.

Klebe das Dreieck mit etwas Klebstoff oder
Knetmasse so auf den großen Karton, wie es die
Zeichnung zeigt (2). Richte deine Sonnenuhr mit
dem Kompass so aus, dass der Schattenzeiger
genau in Nord-Süd-Richtung steht.

Jetzt musst du noch das Zifferblatt
gestalten. Stelle an einem sonnigen
Tag die Uhr auf und markiere mit dem
Filzstift die Stellen, wo der Schatten
gerade zur vollen Stunde steht (3).

Früher trugen viele
Menschen kleine tragbare
Sonnenuhren bei sich, um auf
Reisen die Zeit ablesen
zu können.

Am besten baust du dir zwei Sonnenuhren, eine
für den Winter und eine für die Zeit, in der die
Sommerzeit gilt. Sei aber nicht enttäuscht, wenn
die Sonnenuhr dennoch nicht sehr genau geht.
Mit viel höherem Aufwand kann man aber recht
genaue Sonnenuhren bauen.

Pausvorlage

Falz

Tag und Nacht

Die tägliche Bahn der Sonne über den Himmel ist dir nun vertraut. Aber warum sie morgens aufgeht und abends wieder verschwindet, ist noch nicht klar. Vor Jahrtausenden glaubten die Menschen, die Erde sei eine Scheibe, über der sich der Himmel mit Sonne, Mond und Sternen wölbt. Später erkannte man, dass die Erde eine Kugel ist. Aber man glaubte, diese Kugel würde fest im Zentrum des Weltalls stehen und Sonne, Mond und Sterne würden um sie herumkreisen (1). Erst seit etwa 400 Jahren hat sich die Erkenntnis durchgesetzt, dass die Erde keineswegs stillsteht, sondern sich ständig um sich selbst dreht und außerdem die Sonne umrundet (2). Wir nennen die Zeit, die sie für eine volle Umdrehung braucht, einen Tag und teilen diese Zeit in 24 Stunden ein. Die Zeit, die die Erde für einen Umlauf um die Sonne braucht, nennen wir ein Jahr.

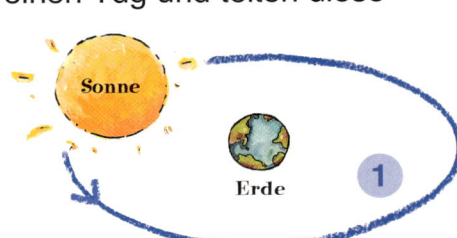

Forscherfrage 14

Wie kommen Tag und Nacht zustande?

Wenn die Erde sich im Schein der Sonne um sich selbst dreht, dann könnte das vielleicht den Lauf der Sonne über den Himmel erklären. Probiere es an einem Modell aus: Der Globus soll die Erde darstellen, eine Lampe dient als Sonne.

So geht's: Suche auf dem Globus Europa und klebe dort eine kleine Figur aus Knetmasse auf. Sie stellt einen Menschen auf der Erde dar, der den Sonnenlauf beobachtet. Du kannst zwar nicht sehen, was dieser Beobachter sieht, aber du kannst deine Vorstellungskraft einsetzen – und den Verlauf des Schattens beobachten. Baue die Lampe so auf, dass ihr Schein waagerecht durch den Raum verläuft und

Du brauchst:
- Globus
- Schreibtisch- oder Nachttischlampe
- Knetmasse
- dunkles Zimmer

stelle den Globus einige Meter entfernt in den Schein dieser „Sonne".

Drehe den Globus zunächst so, dass Europa im Schatten liegt. Dann trifft deine Figur kein Sonnenlicht, für sie ist Nacht. Drehe nun den Globus weiter und versuche dir vorzustellen, was deine Figur sieht. Wenn sie an den Rand der beschienenen Fläche kommt, wird für sie die Sonne aufgehen. Beim Weiterdrehen steigt die Sonne auf dem Himmel der Figur immer höher, um nach einem Höchststand („Mittag") wieder abzusinken – und schließlich geht sie unter. Für den Beobachter auf der Erde wird es nun Nacht.

Das zeigt: Die Figur auf dem Globus würde genau das beobachten, was du auch jeden Tag siehst. Weil sich die Erde im Laufe eines Tages einmal um sich selbst dreht, sehen wir jeden Tag, wie die Sonne auf- und wieder untergeht.

Andere Erdteile, andere Uhrzeiten

Für deinen Beobachter im vorigen Versuch war Mittag, wenn die Sonne am höchsten stand, wenn er also der Lampe am nächsten war. Zur gleichen Zeit aber wäre es für einen Beobachter in Nordamerika erst früher Morgen, für einen anderen Beobachter irgendwo in Asien dagegen ginge die Sonne schon unter.

Dein Versuch zeigt ganz deutlich: Zum gleichen Zeitpunkt haben andere Gebiete der Erde ganz andere Tageszeiten. Dort zeigen daher auch die Uhren eine andere Zeit an. Wenn es bei uns 12 Uhr mittags ist, zeigt zum Beispiel eine Uhr in New York erst 6 Uhr morgens an. Für die Bewohner von Los Angeles an der amerikanischen Westküste ist es sogar erst 3 Uhr nachts. Für einen Japaner in Tokio dagegen ist es schon 20 Uhr abends.

Die Erde ist deshalb in verschiedene Zeitzonen eingeteilt. Innerhalb einer Zone gilt die gleiche Zeit. Überschreitet man die Grenze zwischen zwei Zeitzonen, muss man seine Uhr um eine Stunde zurückstellen (wenn man Richtung Westen reist) oder vorstellen (wenn man Richtung Osten reist).

Quiz

Findest du heraus, welche Uhrzeit in Sydney (Australien) ist, wenn wir in Berlin 8 Uhr morgens haben? Wie spät ist es in Tokio, wenn in New York Mitternacht ist? Lösung S. 80

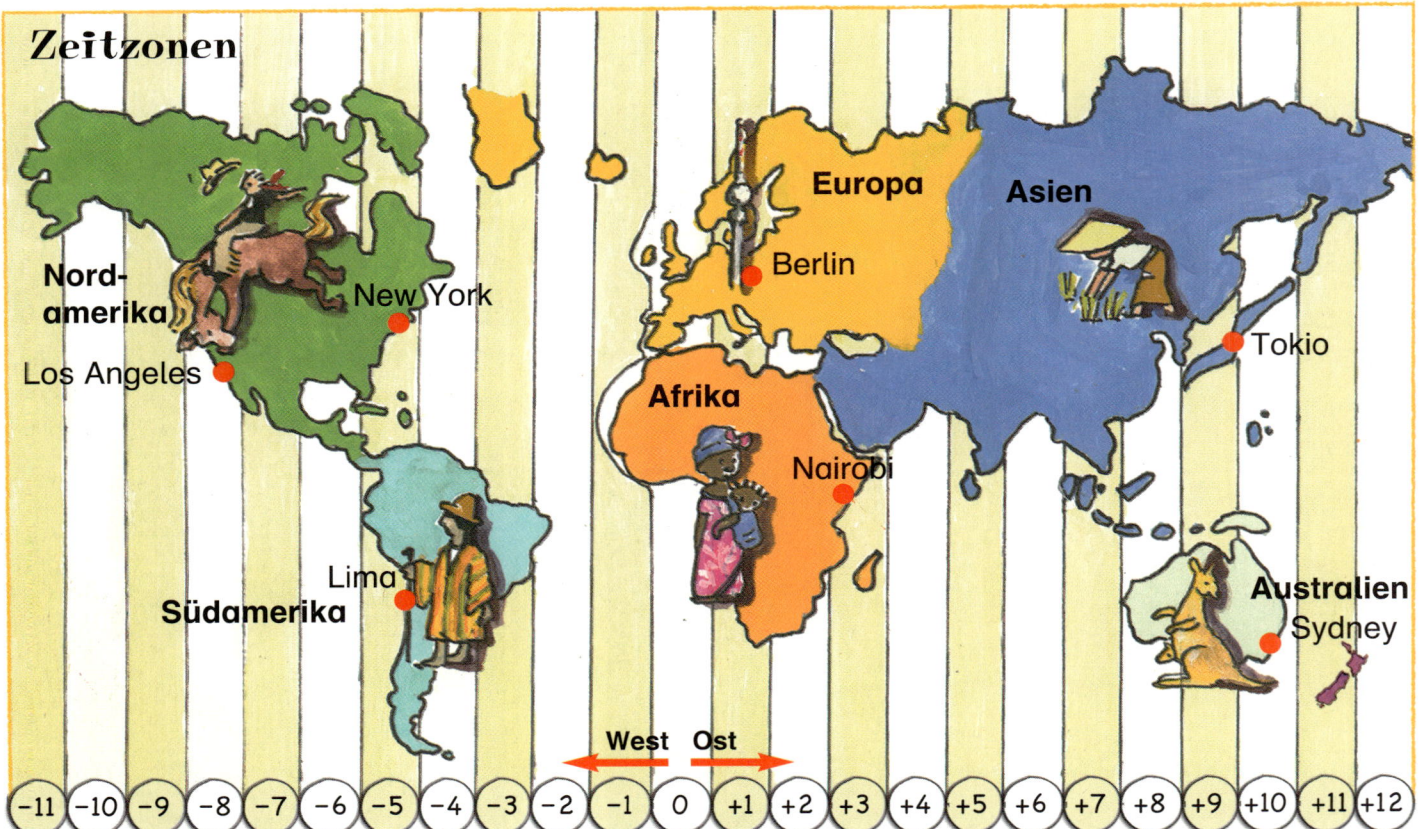

Zeitzonen

Nordamerika · New York · Los Angeles · Südamerika · Lima · Afrika · Nairobi · Europa · Berlin · Asien · Tokio · Australien · Sydney

West ← Ost →

-11 -10 -9 -8 -7 -6 -5 -4 -3 -2 -1 0 +1 +2 +3 +4 +5 +6 +7 +8 +9 +10 +11 +12

Forscherfrage 15

Warum ist es morgens und abends kühler als tagsüber?

Und das auch an einem Tag, an dem von früh bis spät die Sonne vom Himmel strahlt. Klar: Morgens muss die Sonnenwärme erst Luft und Boden aufwärmen, die während der dunklen Nachtstunden abgekühlt sind. Aber sie wärmt auch in den Morgenstunden deutlich weniger als mittags. Und warum wird es abends selbst im Sonnenschein fühlbar kälter? Ob das vielleicht mit dem Stand der Sonne am Himmel zu tun hat? Probiere es aus!

So geht's: Lege den Zuckerwürfel auf das Papier. Halte die Taschenlampe zunächst nahezu senkrecht über das Papier, als ob Mittag wäre. Das Papier strahlt hell und der Schatten des Würfels ist kurz. Markiere den Rand der hellen Fläche mit dem Bleistift.
Beleuchte das Papier nun aus gleicher Entfernung schräg wie am Abend. Der Würfel wirft einen langen Schatten, und die beleuchtete Fläche ist viel dunkler, aber auch größer. Vergleiche auch die Wärmestrahlung: Gib eine pfefferkornkleine Menge Butter aufs Papier und halte es in etwa 10 cm Entfernung unter die helle Schreibtischlampe. Zähle die Sekunden, bis die Butter geschmolzen ist. Wiederhole dann den Versuch bei schräger Beleuchtung. Selbst bei gleicher Entfernung dauert es nun viel länger, bis die Butter geschmolzen ist.

Du brauchst:

- Taschenlampe
- helle Schreibtischlampe mit Glüh- oder Halogenbirne
- Butter
- Uhr
- Blatt Papier
- Zuckerwürfel
- Bleistift

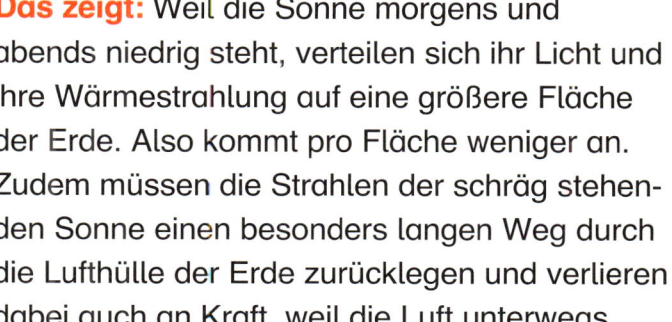

Das zeigt: Weil die Sonne morgens und abends niedrig steht, verteilen sich ihr Licht und ihre Wärmestrahlung auf eine größere Fläche der Erde. Also kommt pro Fläche weniger an. Zudem müssen die Strahlen der schräg stehenden Sonne einen besonders langen Weg durch die Lufthülle der Erde zurücklegen und verlieren dabei auch an Kraft, weil die Luft unterwegs einen Teil des Lichts und der Wärme schluckt.

Nichts für Luftikusse

Obwohl wir sie ständig einatmen, denken wir nur selten an die Luft, die uns umgibt. Das liegt vielleicht daran, dass die Luft so leicht und nachgiebig ist und unseren Bewegungen kaum Widerstand entgegensetzt. Dabei kann Luft gewaltige Lasten tragen, zum Beispiel wenn sie zusammengepresst im Reifen eines Lastwagens steckt. Und sie kann mächtige Kräfte entfalten, wenn etwa ein Wirbelsturm ganze Dächer abdeckt oder Autos umherwirbelt. Grund genug, sich mit diesem eigenartigen, flüchtigen Stoff zu befassen.

„Luftikus" nennt man scherzhaft einen leichtfertigen und unbekümmerten Menschen.

Forscherfrage 16

Ist eine leere Flasche wirklich leer?

Wenn du hineinschaust, ist nichts zu sehen, drehst du sie um, fällt nichts heraus, und füllst du Wasser hinein, kannst du sie randvoll machen. Ist sie also leer?

Du brauchst:
- leere Flasche (am besten eine Plastikflasche)
- große Schüssel
- Becher

So geht's: Fülle die Schüssel voll Wasser und tauche die Flasche mit der Öffnung nach unten hinein. Eigentlich sollte das Wasser nun in die „leere" Flasche eindringen. Es steigt aber nur einige Millimeter hoch, auch wenn du die Flasche etwa in der Badewanne vollständig eintauchen würdest. Dasselbe erlebst du, wenn du einen Becher umgedreht ins Wasser tauchst – auch er füllt sich nicht.

Das zeigt: Flasche und Becher sind keineswegs leer, sondern mit Luft gefüllt. Sie ist zwar unsichtbar, braucht aber dennoch Raum. Du kannst die Luft leicht sichtbar machen: Halte die Flasche schräg, dann blubbert die Luft in Blasen heraus. Hältst du die Öffnung des vollständig mit Wasser gefüllten Bechers unter Wasser über die Blasen, kannst du sie auffangen.

Die luftige Hülle der Erde

Schon gewusst?

Man nennt solche flüchtigen Stoffe wie Luft „Gase" (um sie von Flüssigkeiten wie etwa Wasser und Feststoffen wie Zucker oder Holz zu unterscheiden). Wir leben auf der Erde in einer gewaltigen Lufthülle. Diese Lufthülle oder „Atmosphäre" reicht mehrere Hundert Kilometer hoch.

Allerdings wird die Luft nach oben hin rasch dünner und geht schließlich in den luftleeren Weltraum über. Schon in etwa neun Kilometern Höhe ist die Luft zu dünn zum Atmen.

Forscherfrage 17

Hat Luft ein Gewicht?

Eigentlich wiegt ja auf der Erde alles etwas. Selbst die leichtesten Dinge wie Staubkörnchen haben ein – wenn auch winzig kleines – Gewicht. Ob die Luft da eine Ausnahme macht? Aber wie könnte man Luft auf eine Waage legen, wo sie doch überall ist? Ein Trick macht dies möglich.

So geht's: Hänge den Kleiderbügel an ein Stück Garn. Er soll leicht beweglich sein und dient als Waage: Hängt er waagerecht, sind beide Arme gleich schwer, die Waage ist also im Gleichgewicht.

Du brauchst:

- Kleiderbügel
- Garn
- 2 Luftballons
- Schere
- Klebeband
- Nadel

1

Jetzt hängst du die Luft an die Waage, und zwar eingesperrt in zwei Luftballons. Sie sollten gleich groß und gleich stark aufgeblasen sein; die Öffnung knotest du zu. Befestige sie mit Klebeband an der Waage, und zwar so, dass sie gleich weit von der Mitte entfernt sind.

2

Klebe außerdem auf die Oberfläche beider Ballons ein daumenlanges Stück Klebeband. Die Waage sollte nun im Gleichgewicht sein, der Bügel also waagerecht hängen (2).

Nun entfernst du die Luft aus einem der Ballons.
Dazu stichst du ein Loch durch das Klebeband-Stückchen
ins Gummi (3). Das Klebeband verhindert (meistens), dass
der Ballon platzt; die Luft entweicht zischend, und die
Waage senkt sich zur anderen Seite (4).

Das zeigt: Luft hat tatsächlich ein Gewicht,
denn nachdem die hineingeblasene Luft aus
dem Ballon geströmt ist, wurde er leichter.

Luftig leicht?

Mit einer genauen Waage kann man feststellen, dass ein Liter trockene
Zimmerluft etwa 1,2 Gramm wiegt. Das ist nicht viel, ein Liter Wasser
wiegt fast das Tausendfache. Weil wir aber unter einer dicken Luftschicht
leben – nämlich der Lufthülle unserer Erde – lastet die Luft tatsächlich mit
vielen Kilogramm Gewicht auf uns. Man nennt dieses Gewicht, mit dem
die Luft auf alles drückt, den „Luftdruck". So leicht die Luft ist – die
gesamte Luftsäule über einem Stück
Erdoberfläche hat doch ein erstaunlich
hohes Gewicht. Würde man die Luft
wiegen, die sich über einer Fläche von
einem Quadratmeter (also 1 x 1 Meter)
der Erdoberfläche befindet, käme man auf
etwa 10 000 Kilogramm! Das ist das Gewicht
von zwei ausgewachsenen Elefanten!

Kann man den Luftdruck spüren?

So leicht die Luft auch ist: Ihr Gewicht darf man offenbar doch nicht unterschätzen. Die viele Kilometer hohe Luftsäule über unseren Köpfen lastet mit einem gewaltigen Gewicht auf uns. Komisch, dass wir sie nicht spüren. Ob diese Kraft nicht doch irgendwie Wirkung zeigt?

So geht's: Lege ein Lineal so auf den Tisch, dass ein Teil über die Kante des Tisches hinausragt. Lege die zusammengefaltete Zeitung auf den Teil des Lineals, der auf dem Tisch liegt. Schlage nun auf das überstehende Linealstück (1) – was geschieht mit der Zeitung?

Breite nun die Zeitung ganz über dem Lineal aus (2) und versuche es noch einmal. Verblüffend, oder? Es gelingt kaum, die Zeitung anzuheben!

Du brauchst:
- stabiles Lineal (mindestens 30 cm lang)
- Zeitung
- Tisch

Das zeigt: Der Versuch zeigt, welch enorme Kraft die Luftsäule ausübt. Denn nicht die Zeitung ist zu schwer, sondern es ist fast unmöglich, die Luft, die über der Zeitung ist, nur mit einer raschen Bewegung des Lineals hochzudrücken.

Von allen Seiten

Wenn die Luft mit solchem Gewicht auf uns lastet, ist es eigentlich erstaunlich, dass sie uns nicht erdrückt. Vielleicht liegt es daran, dass die Luft uns von allen Seiten umgibt, also auch von allen Seiten (auch von innen her) drückt? Das ließe sich leicht feststellen: Dann müsste nämlich auf einem luftleeren Raum der volle Luftdruck lasten.

Wenn du aus einer Plastikflasche mit dem Mund so viel Luft heraussaugst, wie du kannst, wölbt sich die Wand nach innen – so als wenn etwas von außen darauf drückt. Außerdem hast du Mühe, sie wieder vom Mund zu ziehen. Nachdem du Luft hineingelassen hast, geht es dagegen ganz leicht. Das zeigt: Wir spüren den Luftdruck nicht, weil er von allen Seiten gleichmäßig wirkt. Saugt man aber aus einem Gefäß die Luft, spürt man die gewaltige Kraft des Luftdrucks. Das ist auch die Erklärung, warum du die flache Zeitung nicht hochheben konntest. Die Bewegung des Lineals erzeugte unter der Zeitung einen luftarmen Raum, weil die Außenluft nicht so rasch einströmen konnte. So drückte der Luftdruck mit voller Kraft. Das langsame Heben der Zeitung ist dagegen kein Problem.

Einen luftleeren Raum nennt man auch „Vakuum".

Praktischer Luftdruck

Schon gewusst?

Im Alltag machen wir uns die Kraft des Luftdrucks oft unbewusst zunutze. Wenn du zum Beispiel aus einem Trinkhalm die Luft heraussaugst, drückt der Luftdruck, der auf der Flüssigkeit im Glas lastet, das Getränk von unten her in den Halm hinein, um den leeren Raum auszufüllen. Füllst du eine Flasche mit Wasser und steckst sie dann mit der Öffnung nach unten in einen Eimer Wasser, läuft sie nicht leer: Der Luftdruck verhindert, dass sich über dem Wasser in der Flasche ein luftleerer Raum bildet. Auch Saughaken an der Wand haften ebenso wie die Deckel von Einweckgläsern, weil der Luftdruck sie festhält.

Steigt warme Luft nach oben?

Luft kann ziemlich viel Kraft entfalten, das haben deine Luftdruck-Versuche bewiesen. Sicher hast du auch schon einmal die Kraft eines Sturmwinds verspürt. Und du weißt auch, dass zusammengepresste Luft im Reifen sogar schwere Lastwagen trägt. Heiße Luft lässt sogar Ballons emporsteigen. Hoppla – wieso muss die Luft dazu eigentlich heiß gemacht werden? Hat heiße Luft etwa einen Drang in die Höhe?

So geht's: Um Luftbewegungen sichtbar zu machen, gibt es einen kinderleichten Trick: ein Windrad, wie man es im Spielwarenladen bekommt. Pustest du dagegen, versetzt der Luftstrom das Rad in Drehung.

Bei diesem Versuch sollte ein Erwachsener in der Nähe sein!

Du brauchst:

- Windrad
- Kerze

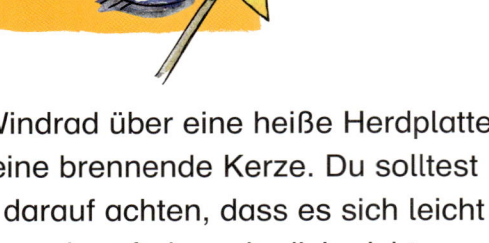

Halte ein Windrad über eine heiße Herdplatte oder über eine brennende Kerze. Du solltest dabei aber darauf achten, dass es sich leicht dreht. Pass auch auf, dass du dich nicht verbrennst oder das Windrad Feuer fängt!

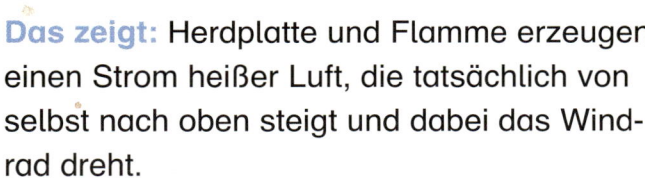

Das zeigt: Herdplatte und Flamme erzeugen einen Strom heißer Luft, die tatsächlich von selbst nach oben steigt und dabei das Windrad dreht.

Rauchzeichen

Normalerweise ist der warme Luftstrom über einer Flamme fast unsichtbar. Aber schau dir eine rußende Kerzenflamme einmal genau an: Die Rußteilchen steigen über der Flamme auf, weil die heiße Luft sie mitnimmt. Auch der Rauch von einem Lagerfeuer steigt dank der heißen Luftströmung nach oben. Und an Weihnachten dreht die heiße Luft der Kerzenflammen die Weihnachtspyramide. Je länger ein Schornsteinrohr ist, desto besser brennt unten das Feuer. Du kannst dir jetzt auch denken, warum: In einem hohen Schornstein strömt die Heißluft kraftvoll nach oben und zieht daher unten viel frische Luft in den Ofen – sie lässt das Feuer gut brennen.

Die tanzende Schlange

Du kannst die aufsteigende Warmluft über der Heizung zum Antrieb eines lustigen Spielzeugs nutzen:

So geht's: Zeichne dir nach dem Bild eine Schlange aufs Papier, male sie schön bunt an und schneide sie aus. Befestige dann am Schwanz mit Klebeband ein Stück Garn und hänge sie über die warme Heizung: Sie wird sich, angetrieben von der aufsteigenden Luft, munter drehen.

Du brauchst:
- Papier (Zeichenkarton)
- Bleistift
- Buntstifte
- Schere
- Garn
- Klebeband

Thermik

... dass nicht nur Heißluftballons, sondern auch Segelflugzeuge das Aufsteigen erwärmter Luft zum Fliegen nutzen? Sie lassen sich nämlich von der „Thermik" in die Höhe tragen. Die Thermik ist nichts anderes als die warme Luft, die von sonnenbeschienenen Feldern und Wiesen aufsteigt.

Forscherfrage 20

Warum steigt ein Heißluftballon auf?

Warme Luft steigt empor, okay. Aber warum eigentlich? Eine Luftblase steigt im Wasser auf, weil sie leichter ist als Wasser. Ob warme Luft auch aufsteigt, weil sie leichter ist als kalte Luft? Am besten, du wiegst einmal nach.

Bei diesem Versuch sollte ein Erwachsener in der Nähe sein!

Du brauchst:

- Kleiderbügel
- Garn 
- Schere
- Klebeband
- Alu-Folie
- Kerze

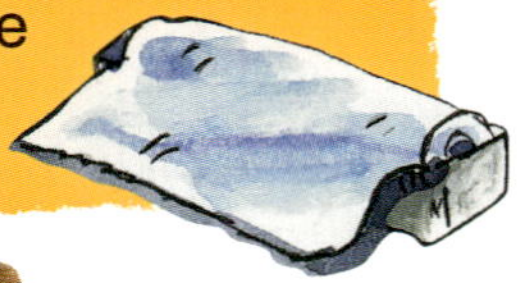

So geht's: Der Kleiderbügel dient als Waage. Hänge ihn an einem Stück Garn so auf, dass er sich frei bewegen kann. Forme zwei große Tüten aus zwei gleich großen Stücken Alu-Folie und hänge sie mit Klebeband an die Waage, und

zwar gleich weit entfernt von der Mitte des Bügels. Die Waage sollte jetzt im Gleichgewicht sein (sonst hilf mit einigen Stückchen Klebeband als Zusatzgewichte nach).

Zünde nun die Kerze an und halte sie unter eine der Tüten. Die aufsteigende Warmluft füllt diese Tüte und verdrängt dabei die kältere Luft in der Tüte. Diese Seite der Waage steigt empor. Nimm jetzt die Kerze weg: Die Waage kommt nicht sofort wieder ins Gleichgewicht, sondern erst nach einigen Minuten, wenn die warme Luft in der Tüte abgekühlt ist.

Das zeigt: Warme Luft ist also wirklich leichter als kalte. Daher ist die mit Warmluft gefüllte Tüte leichter als die mit kalter Luft. Es gibt auch nicht etwa eine geheimnisvolle Kraft, die von der Flamme ausgeht und die Tüte nach oben drückt. Denn dann hätte die Waage sofort ins Gleichgewicht kommen müssen, nachdem du die Flamme entfernt hast.

Leichte Gase

Für Schlaumeier

Warme Luft ist nur leichter als kalte Luft, solange sie warm bleibt. Es gibt aber zwei Gase, die von Natur aus viel leichter sind als Luft: Wasserstoff und Helium. Beide Gase wurden zum Füllen von Ballons und Luftschiffen verwendet. Wasserstoff ist das leichteste aller Gase, es gibt einem Luftschiff daher auch die höchste Tragfähigkeit.

Leider ist Wasserstoff sehr leicht brennbar und kann im Gemisch mit Luft sogar explodieren. Seit 1937 das Luftschiff „Hindenburg" bei der Landung verbrannt ist, füllt man Gasballons und Luftschiffe mit dem unbrennbaren Heliumgas.

Für Hitzköpfe & coole Typen

Im Sommer, wenn die Sonne warm scheint, wird uns heiß
und wir schwitzen. Auch in einem Zimmer wird es warm, wenn man die Heizung aufdreht.
Im Winter dagegen ist die Luft im Freien meist besonders kühl, und statt Regen fällt
Schnee. Auch Eis ist kalt, eine Kerzenflamme dagegen so heiß, dass man sich die
Finger darin verbrennen kann. Jeder fühlt Wärme und Kälte am eigenen Körper.
Doch was ist „Wärme" eigentlich? Und was hat die Temperatur damit zu tun?

Forscherfrage 21

Wie bestimmt man, was warm oder kalt ist?

Ganz einfach, wirst du sagen: Man fühlt es
schließlich. Aber kannst du nur mit der Hand die
Temperatur, also den Wärmegrad, einer Schüssel
mit Wasser bestimmen? Probiere es aus!

Du brauchst:

- 3 große Schüsseln
- einige Eiswürfel aus
  dem Gefrierfach

warm

kalt

warm und kalt
gemischt

So geht's: Stelle die drei Schüsseln
vor dir auf. Fülle die linke mit eiskaltem
Wasser, in das du einige Eiswürfel
gibst. In die rechte schüttest du warmes

Wasser (etwa wie Badewasser),
und in die mittlere gibst du gleich
viel warmes und kaltes Wasser.

Stecke nun eine Hand ins eiskalte
und die andere ins warme Wasser
und zähle langsam bis zehn.
Dann tauchst du beide Hände in die
mittlere Schüssel. Ist das Wasser
nun warm oder kalt? An einer Hand
fühlt es sich wahrscheinlich warm,
an der anderen kalt an.

Das zeigt: Unser Körper ist zum genauen
Bestimmen der Temperatur offensichtlich un-
geeignet. Er spürt, ob es wärmer oder kälter
wird – und meistens reicht das ja aus. Unsere
Haut besitzt Millionen feinster Sinnesorgane für
Kälte- und Wärmereize. Richtig Alarm geben sie bei
tiefen und hohen Temperaturen, die die Haut gefährden.
Im mittleren Bereich zwischen Zimmer- und Badewassertemperatur
melden sie zwar etwaige Veränderungen, aber nur kurzzeitig.

Wärmequellen

Schon gewusst?

Hast du mal überlegt, warum eine Kerzenflamme Wärme spen-
det? Eine Kerze ist ja eher kalt. Aber sie besteht aus einem Mate-
rial (Kerzenwachs), das beim Verbrennen Wärme erzeugt. Das
tun auch Kohle, Holz, Öl, Benzin, Papier und viele andere. Auch
unsere Nahrung enthält Stoffe, die der Körper nutzt, um daraus
seine Körperwärme zu gewinnen. Auch unser Körper ist also eine
Wärmequelle. Eine für uns besonders wichtige, wenn auch weit
entfernte Wärmequelle ist die Sonne. Ohne ihre wärmenden
Strahlen wäre es auf der Erde bitterkalt.

Wie baut man ein Thermometer?

Forscher geben sich nicht mit ungefähren Angaben zufrieden, sie wollen es genau wissen. Daher haben sie Messinstrumente erfunden, mit denen man die Temperatur ganz exakt feststellen kann – die Thermometer. Du kannst ein einfaches Thermometer leicht selbst bauen. Es nutzt die Tatsache, dass sich Luft beim Erwärmen ausdehnt, also mehr Raum beansprucht und so den Wasserstand in einem Röhrchen verändert.

Du brauchst:

- enghalsige kleine Flasche
- (möglichst durchsichtiger) langer Trinkhalm
- Knetmasse
- Tinte
- Papier
- Klebeband
- Filzstift
- Thermometer

So geht's: Fülle die Flasche einige Zentimeter hoch mit Wasser, das du mit einigen Tropfen Tinte einfärbst. Stecke den Trinkhalm in die Flasche bis fast auf den Boden (1) und befestige ihn am Flaschenhals mit einem luftdichten Kragen aus Knetmasse (2). Fülle nun noch einige Tropfen gefärbtes Wasser in den Halm, bis es wenige Zentimeter unter der Öffnung steht. Klebe etwas Papier hinter das herausschauende Stück Halm.

Stelle dein Thermometer zusammen mit einem Zimmerthermometer für etwa zwei Stunden an verschieden warme und kalte Orte, lies jeweils die Anzeige des Zimmerthermometers ab und schreibe die entsprechende Gradzahl neben den jeweiligen Wasserstand im Trinkhalm (3). Zwischenwerte kannst du schätzen. Nun kannst du immer die jeweilige Temperatur ablesen.

Die Skala des Herrn Celsius

Für Schlaumeier

Thermometer nützen nichts, wenn man ihre Anzeigen nicht vergleichen kann. Daher hat man bestimmte „Temperaturskalen" festgelegt. Wir benutzen hierzulande die „Celsius-Skala", benannt nach dem schwedischen Physiker Anders Celsius, der von 1701 bis 1742 lebte. Danach siedet Wasser bei 100 Grad Celsius und gefriert bei 0 Grad Celsius zu Eis. Temperaturen unter 0 Grad Celsius werden mit einem Minus-Zeichen vor der Zahl angegeben.

Wusstest du ...

... dass ein Blitz bis zu 30 000 Grad Celsius heiß ist, die Sonne dagegen „nur" rund 5000 Grad? Lava quillt mit etwa 800 bis 1200 Grad aus einem Vulkan, und auch eine Kerzenflamme erreicht immerhin über 800 Grad. Die Lufttemperatur bei uns kann an einem sehr heißen Sommertag auf über 40 Grad ansteigen, in der Wüste muss man sogar mit über 60 Grad rechnen.

Temperatur ist nicht alles

Vielleicht fragst du dich jetzt: Warum kann zum Beispiel eine Kerze allein kein kaltes Zimmer heizen – obwohl ihre Flamme über 800 Grad heiß ist? Warum braucht man dafür ein großes Kaminfeuer oder einen Ofen? Und warum reicht es nicht, ein Glas mit heißem Wasser in eine Badewanne voll kaltem Wasser zu schütten, um angenehm lauwarmes Badewasser zu bekommen?

Die Temperatur ist offenbar nicht allein entscheidend, es kommt auch auf die Wärmemenge an, die in einem Stoff steckt. Eine kleine Kerzenflamme gibt nur eine kleine Wärmemenge ins Zimmer ab, ein großes Feuer dagegen viel mehr. Ein Liter warmes Wasser enthält eine kleinere Menge an Wärme als ein Liter heißes Wasser. Und in zehn Litern warmem Wasser steckt zehnmal so viel Wärme wie in einem Liter Wasser mit der gleichen Temperatur.

Forscherfrage 23

Kann man Wasser in einer Papiertüte erhitzen?

Es gibt einen Versuch, der auf verblüffende Weise den Unterschied zwischen Temperatur und Wärmemenge zeigt. Du weißt, dass Papier an einer Kerzenflamme sofort Feuer fängt. Dennoch kann man in einer Papiertüte Wasser zum Kochen bringen. Achtung, verbrenne dich nicht an der Flamme und verbrühe dich nicht am heißen Wasser oder Dampf! Halte etwas zum Löschen bereit, falls die Tüte Feuer fängt! Blase die Kerze nach dem Versuch aus!

So geht's: Schneide den Briefumschlag zu einer Papiertüte zurecht. Fülle einige Esslöffel kaltes Wasser hinein und klemme die Wäscheklammer so an die Tüte, dass du sie halten kannst, ohne dich zu verbrennen.

Du brauchst:
- Briefumschlag
- Schere
- Wäscheklammer aus Holz
- Teelicht

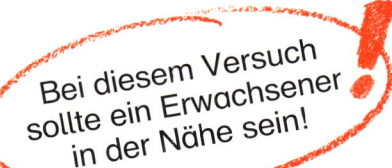
Bei diesem Versuch sollte ein Erwachsener in der Nähe sein!

Halte nun die Spitze der Tüte über die Kerzenflamme.
Du musst dabei aufpassen, dass nur der wassergefüll-
te Teil der Tüte in die Nähe der Flamme kommt! Nach
wenigen Minuten beginnt das Wasser zu sieden.

Das zeigt: Das Papier verbrennt nicht,
weil es durch das Wasser nicht heiß genug
dafür wird. Stattdessen nimmt das Wasser die
ganze Wärme auf, die die Flamme liefert.
Und Wasser wird nicht heißer als etwa 100 Grad
Celsius. Dann siedet es. Das bedeutet: Alle Wärme,
die die Flamme liefert, verbraucht das Wasser, um sich
in Wasserdampf zu verwandeln. Erst wenn alles Wasser
verdampft ist, steigt die Temperatur wieder, und dann
würde schließlich auch die Tüte verbrennen.

Forscherfrage **24**

Fließt Wärme durch alle Stoffe gleich gut?

Wärme, das hat der vorherige Versuch gezeigt, kann
verschiedene Stoffe durchdringen, hier etwa das Papier.
Auch Metall stellt offenbar kein Hindernis dar, sonst
wäre ein Ofen nicht außen heiß, obwohl
nur innen Feuer brennt. Gibt es
vielleicht auch Stoffe, die
Wärme schlecht leiten?

Bei diesem Versuch
sollte dir ein
Erwachsener helfen!

Du brauchst:
- Butter
- Linsen
- Glas
- heißes Wasser
- jeweils ein Löffel
  aus Metall, aus
  Plastik und aus
  Holz

So geht's: Klebe in gleicher Höhe mit etwas Butter je eine Linse
auf die drei Löffel. Stelle die Löffel in das Glasgefäß. Fülle dann
das Glas halb voll mit heißem Wasser, ohne dass es die Linsen

berührt. Beobachte nun, was geschieht. Welche Linse fällt zuerst vom Löffel ab, weil die Butter geschmolzen ist?

Das zeigt: Die Wärme des Wassers wandert durch die Löffel nach oben. Dort steigt daher nach und nach die Temperatur. Ist die Temperatur erreicht, bei der die Butter schmilzt, fällt die Linse ab. Der Versuch zeigt, dass Metall Wärme am besten leitet, Plastik und Holz deutlich schlechter.

Kalte Steine und Türklinken

Für Schlaumeier

Wärme fließt immer von wärmeren zu kälteren Orten. Wie gut die Wärme dabei weitergeleitet wird, hängt mit der Art des Stoffes zusammen, durch den sie fließt. Metalle leiten Wärme besonders gut. Daher fühlt sich auch eine Türklinke viel kühler an als die Holztür selbst, obwohl beide im gleichen Zimmer sind und daher auch die gleiche Temperatur besitzen. Aber die Klinke leitet die Wärme deiner Hand rasch ab, und das fühlst du als „kühl". Auch wenn du barfuß über Fliesen läufst, fühlen sie sich kühl an; Stein leitet Wärme ganz gut. Holz dagegen leitet schlecht, daher fertigt man Kochlöffel und Topfgriffe gern aus Holz.

Warum hält ein Pullover warm?

Wenn du einen Pullover oder ein flauschiges Handtuch anfasst, merkst du, dass sie sich warm anfühlen. Noch stärker ist dieses Wärmegefühl bei dem verbreiteten Verpackungsmaterial Styropor. Liegt das vielleicht daran, dass diese Stoffe Wärme besonders schlecht leiten?

So geht's: Fülle in jedes der drei Gläser warmes Wasser (etwa Badewannentemperatur) und schraube sie zu. Das erste Glas stellst du in den Karton und umhüllst es mit vielen Stückchen Styropor oder zerknülltem Zeitungspapier, auch oben und unten (1). Das zweite wickelst du sorgfältig in das Handtuch ein. Das dritte bleibt wie es ist.

Du brauchst:

- Handtücher
- Styropor oder Zeitung
- 3 leere Honiggläser mit Deckel
- kleiner Karton
- Thermometer

Stelle jetzt alles in den Kühlschrank (2) und überprüfe nach einer Viertelstunde die Wassertemperatur der Gläser mit dem Thermometer (3). Das Wasser in den eingewickelten Gläsern ist noch deutlich wärmer als im dritten Glas.

Das zeigt: Die Styroporumhüllung (oder das Zeitungspapier) und das Handtuch leiten die Wärme des warmen Wassers offenbar besonders schlecht. Daher bleibt das Wasser viel länger warm. Solche Stoffe nennt man „wärmeisolierend". Styropor etwa nutzt man für die Wärmeisolation von Häusern: Es sorgt dafür, dass die Heizungswärme nicht so rasch ins Freie entweicht. Und Kleidung lässt die Körperwärme wenig durch und hält so den Körper warm.

Eingesperrte Luft

Wärmeisolierende Stoffe enthalten meist kleine, mit Luft gefüllte Hohlräume. Styropor besteht aus luftgefüllten Kunststoffbläschen. Auch Kleidung hat zahlreiche Lufttaschen. Weitere Luft ist zwischen Körper und den verschiedenen Kleidungsschichten eingeschlossen. Solche „eingesperrte" Luft isoliert, wie der Versuch zeigt, viel besser als Luft an sich. Denn das dritte Glas ist zwar auch von Luft umgeben, aber sie kann sich frei bewegen: Ständig steigt die vom Glas erwärmte Luft auf und trägt Wärme davon, zudem lässt sie kühlere nachfließen.

Tipp:

Wenn du eine Packung Eis vom Supermarkt nach Hause bringen möchtest, ohne dass es schmilzt, wickele sie in mehrere Lagen Zeitungspapier ein. Die vom Papier eingeschlossene Luft hält das Eis gut kühl.

Von Regenschirmen & Wasserläufern

Wasser ist eine eigenartige Flüssigkeit. Es fließt ohne Probleme durch dicke Rohre und dünne Schläuche. Aber durch einen Regenschirm kommt es nicht durch. Und kein Mensch hat es bisher geschafft, auf dem Wasser zu gehen. Aber manche Insekten, wie etwa die „Wasserläufer", sausen auf der Wasseroberfläche umher und sinken nicht ein. Was hat es mit diesen Eigenschaften des Wassers auf sich?

Forscherfrage 26

Warum wird man unter einem Schirm nicht nass?

Klar: Manche Schirme bestehen aus einfacher Plastikfolie – durch sie dringt natürlich kein Wasser. Aber die besseren Schirme sind, ebenso wie Zelte, aus Stoff. Schaust du dir einen solchen Schirm genau an, erkennst du lauter winzige Löcher zwischen den Fäden. Und trotzdem kann man damit im Regen spazieren gehen und wird nicht nass. Halten feine Löcher das Wasser irgendwie zurück?

Du brauchst:

- Taschentuch aus Stoff (zum Beispiel Baumwolle)
- Becher (etwa leerer Jogurtbecher)
- Gummiband

So geht's: Fülle den Becher mit Wasser und feuchte auch gleich das Taschentuch an. Lege es über die Becheröffnung und befestige es mit dem Gummiband. Dreh den Becher um: Läuft das Wasser aus?

Das zeigt: Tatsächlich kann Wasser nicht so einfach durch so feine Löcher fließen. Eine weitere Beobachtung bringt dich der Lösung des „Wassertropfenrätsels" näher ...

Tipp:

Schau dir einmal das Wasser, das auf einen Schirm geregnet ist, genau an. Fällt dir etwas auf? Es bildet Tropfen, meist sogar recht große. Oft laufen auch kleine Tropfen zu einem großen zusammen. Berühre einen großen Tropfen vorsichtig mit dem Finger. Er gibt nach wie ein wassergefüllter Plastikbeutel und schnellt wieder in seine Form zurück.

Warum sinkt ein Wasserläufer nicht ein?

So ein Insekt ist zwar leicht, aber ein bisschen Gewicht hat es schließlich auch. Ob vielleicht das Wasser eine feine durchsichtige Haut an seiner Oberfläche bildet, etwa so wie erhitzte Milch? Dann müsste man dieses Häutchen sehen oder sogar herausfischen können.

So geht's: Fülle das Glas randvoll mit Wasser. Schätze zuvor, wie viele Münzen das gefüllte Glas noch aufnehmen kann, bis es überläuft. Lass nun vorsichtig eine Münze nach der anderen in das Wasser gleiten (1). Du wirst erstaunt sein, wie viele Münzen in das Gefäß gehen! Das Glas läuft zunächst keineswegs über, sondern das Wasser bildet einen kleinen Berg (2). Es sieht tatsächlich wieder so aus, als ob das Wasser von einer feinen Haut überzogen ist.

Du brauchst:

- Glas
- eine Hand voll Münzen, am besten 2- bis 5-Cent-Stücke
- Büroklammern
- Gabel

Wie stabil mag dieses Häutchen wohl sein? Probiere ganz vorsichtig, eine Büroklammer oder eine feine Nähnadel auf die Oberfläche zu legen, ohne dass sie untergeht (3). Doch wenn du einen Finger ins Wasser tauchst, ist von einem Widerstand – wie etwa bei einer Plastikfolie – nichts zu spüren. Und auch wenn du mit einer Gabel durchs Wasser fährst, bleibt an den Zinken keine Haut haften.

3

Das zeigt: Die Wasseroberfläche weist, wie du siehst, eine seltsame Spannung auf und kann sogar kleine Gewichte tragen. Du hast bestimmt auch bemerkt, dass Wasser möglichst beisammenbleibt und sich nur ungern teilt.

Tipp:

Der Versuch funktioniert nur, wenn das Glas ganz sauber ist und vor allem frei von Spülmittel oder Seife. Also vor dem Versuch mehrmals mit klarem Wasser spülen!

Starker Zusammenhalt

Schon gewusst?

Tatsächlich bildet Wasser keine Haut. Aber die kleinsten Wasserteilchen (die Wasser-„Moleküle") haften ungewöhnlich fest aneinander und möchten sich gar nicht gerne von ihren Nachbarn trennen. Das wirkt sich so aus, dass das Wasser wie von einer Haut überzogen scheint. Man nennt diesen Effekt die „Oberflächenspannung".

Ein Wassertropfen versucht immer, eine Form anzunehmen, bei der möglichst wenige der Teilchen an der Oberfläche sitzen. Das liegt an der starken Anziehungskraft zwischen den Wasserteilchen: Die Teilchen im Innern ziehen stets an den Oberflächenteilchen. Und welche Form hat die kleinstmögliche Oberfläche? Die Kugel! Aus dem gleichen Grund ist eine ungestörte Wasseroberfläche meist glatt. Denn die Anziehungskräfte ziehen jeden kleinen Wasserberg rasch wieder zurück – und schaffen so eine glatte Oberfläche. Daher spalten sich auch nicht so leicht kleinste Tröpfchen ab, um etwa durch die feinen Löcher eines Regenschirms zu dringen. Lieber bleiben sie als Tropfen an der Oberfläche beisammen. Wenn du allerdings deinen Finger ins Wasser tauchst, überwindest du leicht ihre Anziehungskräfte und drückst sie auseinander. Das Gewicht eines leichten Wasserläufers aber reicht dafür nicht.

Forscherfrage 28

Wieso stört Seife die Oberflächenspannung?

Sicher hast du dich gewundert, warum das Glas beim vorherigen Versuch unbedingt frei von Spülmittel sein sollte. Doch der Tipp hat einen guten Grund. Probiere selbst, wie Seife wirkt.

So geht's: Spüle die Schüssel gründlich mit klarem Wasser aus dem Hahn aus und fülle sie dann etwa zur Hälfte mit kaltem Wasser. Streue etwas fein gemahlenen Pfeffer oder Mehl gleichmäßig über die Wasseroberfläche (1). Wie erwartet, bleibt das Pulver wegen der Oberflächenspannung wie auf einem dünnen Häutchen liegen.

Du brauchst:
- Glas- oder Porzellanschüssel
- gemahlener Pfeffer oder Mehl
- Geschirrspülmittel oder Seife

Nimm nun etwas Seifenlösung oder ein Tröpfchen Spülmittel an deinen Finger (2) und tauche ihn in der Mitte der Schüssel ein. Blitzschnell werden die Pfeffer- oder Mehlkörnchen an den Rand schießen (3).

Das zeigt: Seife und Spülmittel zerstören die Oberflächenspannung des Wassers. Denn sie verringern die gegenseitige Anziehungskraft der kleinsten Wasserteilchen. Die Seifenmoleküle lagern sich nämlich um die einzelnen Wasserteilchen und schirmen sie nach außen ab. Das geschieht blitzschnell: Kommt das Wasser mit dem Spülmittel in Berührung, reißt das „Häutchen" – vergleichbar dem Gummihäutchen eines platzenden Luftballons – und nimmt die Pfeffer- oder Mehlkörnchen mit.

Eine saubere Sache

Schon gewusst?

Seife und Spülmittel reinigen, weil sie die Oberflächenspannung des Wassers verringern. Dadurch halten die Wassermoleküle nicht mehr so sehr aneinander fest, sondern schieben sich zwischen die Schmutzteilchen und den Untergrund und lösen sie ab. Zudem umhüllen die Seifenmoleküle die Schmutzteilchen, Öl- und Fetttröpfchen und hindern sie daran, sich wieder festzusetzen.

Forscherfrage 29

Wieso läuft Tee beim Einschenken an der Kanne herunter?

Schon eigenartig, diese starke Anziehungskraft zwischen den Wasserteilchen. Ob sich diese Eigenschaft nur auf andere Wasserteilchen erstreckt? Oder ob sich die Wasserteilchen auch von anderen Dingen angezogen fühlen?

So geht's: Fülle den Messbecher mit Wasser und lege die Schnur über den Rand, wie in der Zeichnung (1). Jetzt gieße langsam das Wasser aus dem Messbecher. Es wird an der Schnur entlangfließen (2). Tauche die Kerze in das mit Wasser gefüllte Glas und ziehe sie wieder heraus (3). Das Wasser perlt in Tropfen ab. Ähnlich ist es bei einem fettigen Teller oder einem Stück Butter.

Du brauchst:
- Messbecher
- Schnur
- Kerze
- Glas

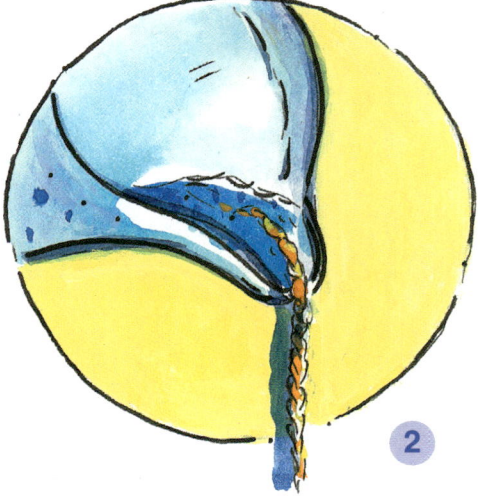

2

1

Das zeigt: Auch zwischen Wasserteilchen und vielen anderen Stoffen ist die Anziehung stark. Das Wasser bleibt an ihnen „hängen". Die Anziehungskräfte zwischen Wasser und dem Porzellan der Teekanne sind auch dafür verantwortlich, dass Tee bisweilen an der Kanne herunterläuft statt direkt in die Tasse.

Anziehungskräfte

Die Anziehungskräfte zwischen Wasser und anderen Stoffen begegnen uns vielfach im Alltag. Wasser wirkt bisweilen fast wie ein schwacher Klebstoff, zum Beispiel liegen nasse Haare glatt aneinander. Und wer einen Faden durch ein Nadelöhr fädeln will, feuchtet ihn kurz mit Spucke an. Wenn du ein kleines glattes Stück Plastik, zum Beispiel ein Stück Plastikfolie, hast, kannst du es ja mal mit etwas Wasser auf einen Spiegel legen – du musst richtig ziehen, um es wieder loszubekommen.

Klebstoffe übrigens sind Stoffe mit ganz besonders großen Anziehungskräften. Daher haften sie gut an Oberflächen, und die Klebefilme lassen sich auch selbst nicht so leicht auseinander reißen. Es gibt aber andererseits auch Stoffe wie Wachs oder Fett, die für das Wasser wenig Anziehungskraft besitzen. Sie werden daher nicht nass, stattdessen perlt das Wasser in Tröpfchen ab.

Fachausdrücke

Physiker haben für die Kräfte zwischen den Stoffen spezielle Namen geprägt. Die Anziehungskraft innerhalb eines Stoffes – also etwa zwischen den Wassermolekülen – nennt man „Kohäsion". Kräfte zwischen verschiedenen Stoffen – etwa Wasser und Porzellan der Teekanne – heißen dagegen „Adhäsion". Es ist wichtig, zwischen diesen Ausdrücken zu unterscheiden. Denn die jeweiligen Kräfte sind bei verschiedenen Stoffen ganz unterschiedlich groß.

Übrigens:
Ohne die unterschiedlichen Anziehungskräfte in der Molekülwelt würden alle Dinge zu Staub zerfallen.

Warum werden Enten im Wasser nicht nass?

Wo sie doch ständig im Wasser herumpaddeln und oft sogar untertauchen. Dennoch perlt das Wasser von ihrem Gefieder stets in Tropfen wieder ab, ähnlich wie beim vorigen Versuch von Kerze oder Fett. Ob Federn etwa auch irgendwie fettig sind?

Du brauchst:

- 2 Federn von Wasservögeln (findet man etwa am Stadtparksee)
- Spülmittel
- Speiseöl
- 2 Teller

So geht's: Tauche die Federn zunächst in reines Wasser und ziehe sie wieder heraus. Sie sind nicht nass, sondern lassen das Wasser abperlen (1).

1

2

Wenn Federn fettig sind, müsste man das Fett mit Seife abwaschen können. Fülle einen Teller mit warmem Wasser, in dem du etwas Spülmittel oder Seife verrührst. Ziehe eine der Federn einige Male hindurch, so dass das Wasser in alle Ritzen dringt, und bewege sie mehrfach hin und her (2). Spüle sie dann unter dem Wasserhahn ab. Beobachte: Perlt das Wasser jetzt immer noch so leicht ab?

Fülle einige Teelöffel voll Speiseöl in den Teller und tauche die andere (nicht mit Seifenwasser behandelte) Feder hinein (3). Beim Herausziehen siehst du: Sie hat sich mit Öl vollgesogen und ist jetzt viel schwerer als vorher (4).

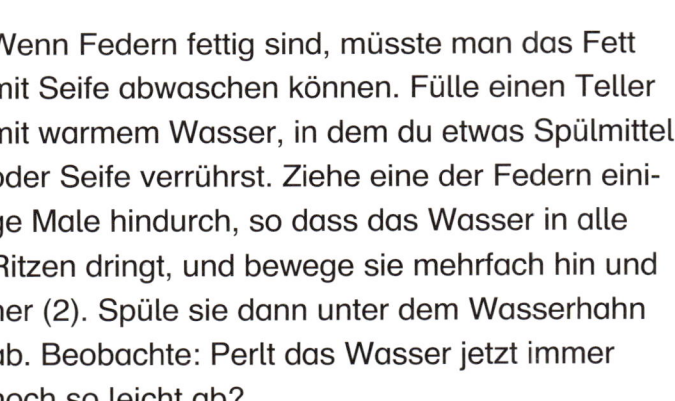

Das zeigt: Das Gefieder eines Vogels ist tatsächlich immer etwas fettig. Das ist für den Vogel lebenswichtig, denn nur so kann das Gefieder schön leicht und luftig bleiben und vor Wasser schützen.

3

4

So trägt es den schwimmenden Vogel wie einen Schwimmring und schützt ihn zudem vor Kälte. Den Landvögeln macht dadurch der Regen wenig aus. Die Seife wäscht den Fettfilm ab, so dass Wasser in die Feder eindringt. Und vor dem fettähnlichen Öl schützt der Fettfilm sowieso nicht.

Vögel in Gefahr

Für Schlaumeier

Vögel besitzen am Schwanz eine spezielle Drüse, die Bürzeldrüse, die eine ölige Flüssigkeit absondert. Beim Putzen verteilt der Vogel sie über sein Gefieder und macht es so wasserfest.

Gefährlich für Seevögel ist Erdöl. Es ist leichter als Wasser und schwimmt daher an der Oberfläche. Solch eine „Ölpest" ist meist Folge eines Tankerunglücks. Leider pumpen aber auch manche Tanker Ölreste auf hoher See einfach über Bord. Was geschieht, wenn ein Vogel in die Öllache gerät, hat der Versuch gezeigt: Das Öl dringt in das Gefieder ein. Der Vogel ertrinkt oder, falls er sich noch ans Ufer retten kann, erfriert. So sind schon Tausende von Vögeln einer Ölpest zum Opfer gefallen.

Großer Mond & kleine Nachtschwärmer

Der Mond ist für uns ein vertrauter Anblick am Nachthimmel und manchmal sehen wir ihn auch am Tage. Schon vor Tausenden von Jahren beobachteten die Menschen den Lauf des Mondes.

Forscherfrage 31

Wie groß ist der Mond?

Bisweilen geht der Vollmond am Horizont so riesig groß auf, dass er zum Greifen nah erscheint. Ist er am Himmel emporgeklettert, wirkt er viel kleiner, aber immer noch beachtlich groß. Was meinst du: Kann man ihn mit einer Erbse am ausgestreckten Arm abdecken? Oder braucht man dazu eine Nuss, einen Apfel oder einen Fußball?

So geht's: Halte nacheinander den Fußball und die anderen Gegenstände am ausgestreckten Arm hoch und schaue, ob du damit den Vollmond abdecken kannst.

Du brauchst:
- Vollmond am Himmel
- Erbse oder ein 1-Cent-Stück
- Walnuss
- Apfel
- Fußball

Das zeigt: Das hättest du nicht gedacht!? Schon eine Erbse oder ein 1-Cent-Stück reichen aus, den scheinbar so großen Vollmond fast vollständig zu bedecken. Weil er meistens das einzige helle Licht am dunklen Nachthimmel ist, erscheint er unseren Augen viel größer als er in Wirklichkeit ist.

Wie zeigt ein Fernglas den Mond?

Mit bloßem Auge erkennst du auf dem Mond nur helle und dunklere Flecken. Du wirst daher staunen, was ein Fernglas oder gar ein Fernrohr alles zeigt!

So geht's: Schaue dir an mehreren Abenden den Mond an, am besten in all seinen verschiedenen Phasen. Bei Vollmond werden dir vor allem helle Streifen auffallen, die sich quer über den Mond ziehen. Noch interessanter ist die Beobachtung der Mondsichel. Dann erkennst du besonders schön an der Hell-Dunkel-Grenze einzelne Erhebungen und zahlreiche runde Einsenkungen. Versuche, im Laufe einiger Tage eine Karte der Mondoberfläche zu zeichnen. Vergleiche sie mit der Mondkarte auf dieser Seite.

Du brauchst:

• Fernglas oder, falls vorhanden, ein kleines Fernrohr
• Papier und Stifte

Das zeigt: Jahrtausendelang haben die Menschen gerätselt, wie es wohl auf dem Mond aussieht. Erst seit Erfindung des Fernrohrs vor rund 400 Jahren weiß man: Auf dem Mond gibt es Berge, gewaltige Krater, ganze Gebirge und weite, dunkle Flächen. All diesen Gebilden hat man Namen gegeben, einige findest du auf der Karte.

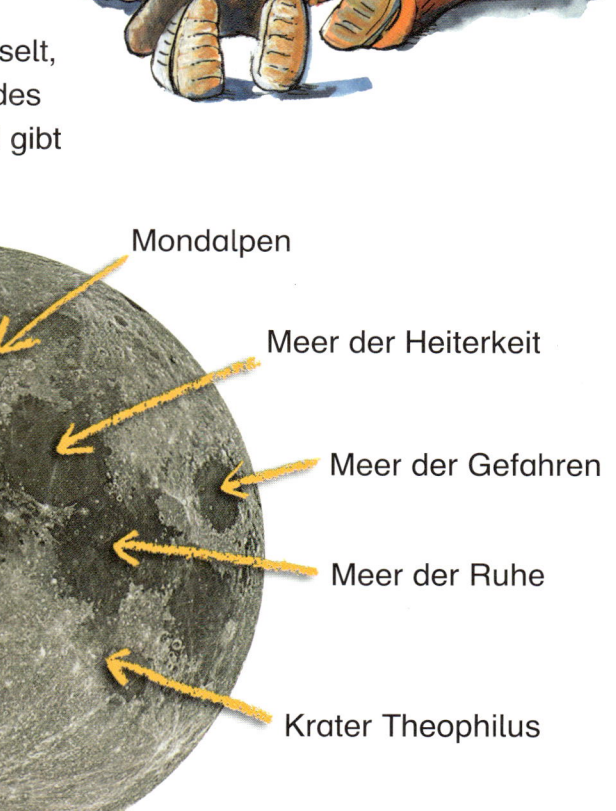

Regenmeer

Mondalpen

Meer der Heiterkeit

Krater Kopernikus

Meer der Gefahren

Ozean der Stürme

Meer der Ruhe

Wolkenmeer

Krater Theophilus

Krater Tycho

Für Schlaumeier

Meere ohne Wasser

Die dunklen Flecken hielt man in früheren Zeiten für Meere. Inzwischen weiß man, dass es auf dem Mond kein flüssiges Wasser gibt. Die „Meere" bestehen einfach aus dunklerem Gestein als die anderen Teile der Mondoberfläche. Dieses Gestein ähnelt Lava oder Vulkangestein auf der Erde. Auch die Mondkrater haben zunächst Rätsel aufgegeben. Man hielt sie für Krater von Vulkanen. Denn auch diese Feuer speienden Berge haben am Gipfel eine kraterförmige Vertiefung, aus der die Lava strömt. Die Mondkrater sind allerdings ganz anders entstanden: durch den Einschlag von gewaltigen Felsbrocken aus dem All, so genannten Meteoriten, die mit hoher Geschwindigkeit in die Mondoberfläche einschlugen.

Forscherfrage 33
Wie entstehen Mondkrater?

Ahme einmal im Kleinen nach, wie Mondkrater entstehen.

Du brauchst:

- Plastikschüssel oder tiefer Teller
- Mehl
- kleiner rundlicher Stein oder Kugel aus Knetmasse

So geht's: Fülle Teller oder Schüssel etwa drei Zentimeter hoch mit Mehl. Die Oberfläche muss nicht besonders geglättet werden. Lasse den Stein oder die Kugel aus Knetmasse etwa aus einem halben bis einem Meter Höhe aufs Mehl fallen und fische sie dann vorsichtig wieder heraus. Zurück bleibt ein etwa halbkugelförmiger Krater mit einem niedrigen Kraterwall.

Das zeigt: Der Einschlag eines Gegenstands kann Krater erzeugen, die kleineren Mondkratern ähneln. Natürlich ist die Mondoberfläche sehr viel härter als Mehl, dafür schlagen die Brocken aus dem Weltall aber auch mit viel größerer Wucht ein.

Warum leuchtet der Mond?

Dichter haben ihn oft besungen, den „milden Schein des bleichen Mondes in dunkler Nacht". Aber wieso glänzt der Mond denn überhaupt so hell am Himmel? Glüht er wie eine Leuchtkugel – oder wird er vielleicht nur angestrahlt?

So geht's: Schau dir den Mond ganz genau an, wenn er eine Sichel bildet. Es sollte möglichst dunkel sein. Neben der hellen Sichel erkennst du dann eine dunkelgraue, rundliche Fläche – offenbar ein Teil des Mondes!

Du brauchst:

- Fernglas oder, falls vorhanden, ein kleines Fernrohr

Das zeigt: Der Mond sendet kein eigenes Licht aus, etwa wie die Sonne oder eine Glühbirne. Denn dann müsste er überall leuchten. Vielmehr wird er angestrahlt. Als Lichtquelle dafür kommt nur die Sonne in Frage.

Forscherfrage 35

Warum wechselt der Mond ständig sein Aussehen?

Der Mond, das hast du vielleicht schon erfahren, kreist um die Erde. Und er wird, ebenso wie die Erde, von der Sonne angeleuchtet. Kann das erklären, warum er mal als Scheibe, mal als Sichel am Himmel steht?

Du brauchst:

- Tischtennisball (notfalls reicht ein Ei)
- Schreibtischlampe
- dunkles Zimmer

So geht's: Richte im dunklen Zimmer eine Lampe mit scharfem Strahl auf dich. Halte den Tischtennisball am schräg nach oben ausgestreckten Arm vor dich hin. Pass auf, dass ihn nicht dein Schatten trifft. Du bist jetzt der Beobachter auf der Erde, der Ball soll den Mond darstellen, die Lampe die Sonne.

1

Stelle dich zunächst mit dem Rücken zur Lampe. Die Seite vom Ball, die dir zugekehrt ist, liegt in vollem Lampenschein und erscheint rund: Jetzt ist Vollmond. Drehe dich nun langsam um dich selbst und verfolge dabei, wie sich der Anblick des „Mondes" ändert. Hast du die Lampe links oder rechts von dir, siehst du nur die Hälfte der beleuchteten Ball-Fläche: Jetzt ist Halbmond. Und wenn du schließlich mit dem Gesicht zur Lampe stehst, siehst du nur die dunkle Rückseite des Balles: Jetzt ist Neumond.

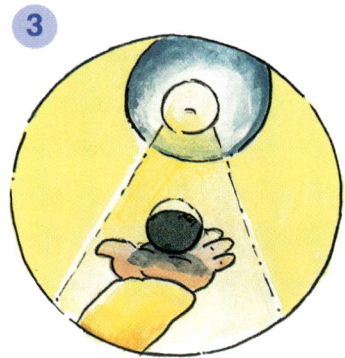

Das zeigt: Die „Mondphasen" – so nennt man die unterschiedlichen Bilder des Mondes – entstehen nur, weil sich der Mond um die Erde bewegt und dabei von der Sonne beleuchtet wird. Während dieser Bewegung liegt die zur Erde gewandte Seite mal mehr, mal weniger vollständig im Sonnenschein. Um auf dem Ball alle Mondphasen zu sehen, musstest du dich einmal vollständig um dich selbst drehen. Der Ball kreiste dabei sozusagen einmal um dich herum. Der Mond braucht, um alle Phasen zu durchlaufen, etwa einen Monat. Daraus kannst du schließen: Er braucht für eine Umdrehung um die Erde auch ungefähr einen Monat.

Die Mondphasen, von der Erde aus gesehen (nummerierte Bilder) und so, wie sie ein Raumschiff sehr hoch über dem Erd-Nordpol sehen würde. Jede Phase dauert etwa eine Woche.

1. Neumond: Der Mond steht in Richtung der Sonne und ist für uns nicht zu erkennen.

2. Der Mond nimmt zu: die uns zugewandte Hälfte ist zu einem kleinen Teil beleuchtet, der größere ist noch dunkel.

3. Halbmond: Der Mond erscheint halb hell, halb dunkel.

4. Vollmond: Die von uns aus sichtbare Mondhälfte ist hell.

5. Der Mond nimmt wieder ab.

Warum zeigt uns der Mond immer das gleiche Gesicht?

Jedes Kind kennt das typische „Mondgesicht": Im Muster der dunklen Flecken des Mondes kann man mit etwas Fantasie ein Gesicht erkennen. Aber es ist eigentlich erstaunlich, dass der Mond uns immer die gleiche Seite zeigt. Denn normalerweise drehen sich alle Himmelskörper um sich selbst. Auch die Erde dreht sich bekanntlich in einem Tag einmal um die eigene Achse. Dreht sich der Mond etwa nicht um sich selbst, während er die Erde umrundet?

Du brauchst:

- Freund/Freundin
- 10 Meter langes Seil oder Schnur

So geht's: Lege das Seil zu einem Kreis von etwa drei Metern Durchmesser und stelle dich in die Mitte. Dein Freund oder deine Freundin soll jetzt auf dem Kreis entlanggehen, aber dabei immer das Gesicht zu dir wenden, und du drehst dich mit und siehst ihm auch immer ins Gesicht.

Er soll aber gleichzeitig darauf achten, was er von der Umgebung sieht. Du wirst staunen: Obwohl er dir immer das Gesicht zuwendet, sieht er während einer Umkreisung auch die gesamte Umgebung. Mit anderen Worten: Er dreht sich auch um sich selbst. Und zwar einmal während jeder Umkreisung.

Das zeigt: Der Mond dreht sich durchaus um sich selbst. Man sagt, er rotiert. Aber er braucht für eine Umdrehung exakt die gleiche Zeit wie für einen Umlauf um die Erde, nämlich fast einen Monat. Deshalb wendet er der Erde immer die gleiche Seite zu, wie dein Freund dir immer sein Gesicht zugewandt hat.

Der Mond in Zahlen

Für Schlaumeier

Unser Begleiter hat rund 3480 Kilometer Durchmesser, also nur ein Viertel des Erddurchmessers. Er ist von uns etwa 384 000 Kilometer entfernt, allerdings schwankt die Entfernung zwischen 356 000 und 407 000 Kilometern, weil die Mondbahn etwas eiförmig (elliptisch) ist.

Ein Mondtag dauert einen ganzen Monat. Die Hälfte der Zeit, also volle 14 Erdtage lang, scheint ständig die Sonne, weitere 14 Tage ist es immer dunkel.
In vollem Sonnenlicht wird die Mondoberfläche 118 Grad Celsius heiß (also heißer als kochendes Wasser auf der Erde!), in der Mondnacht aber wird es dagegen minus 153 Grad kalt.
Der erste Mensch betrat 1969 die Mondoberfläche, der amerikanische Astronaut Neil (gesprochen: niil) Armstrong. Er sprach in sein Funkgerät den berühmten Satz: „Dies ist ein kleiner Schritt für mich, aber ein großer Schritt für die Menschheit".

Von Schneeflocken & Eiskristallen

Wieder ist es Winter geworden. Seen und Pfützen sind zugefroren, aus grauen Wolken rieseln feine Flocken und überziehen alles mit einer weißen Decke. Doch was ist das eigentlich, was da vom Himmel fällt?

Forscherfrage **37**

Woraus besteht Schnee?

Das weiß ich schon, wirst du jetzt denken: aus gefrorenem Wasser, also Eis. Das ist aber nur die halbe Antwort. Mach dieses Experiment und staune.

Du brauchst:
- Messbecher
- frisch gefallener Schnee

So geht's: Fülle den Messbecher mit frischem Schnee (1). Gib den Schnee aber nur mit leichtem Druck hinein, stopfe ihn nicht mit Kraft. Ist der Messbecher voll, hast du einen Liter Schnee darin (2). Stelle ihn an einen warmen Ort und schau von Zeit zu Zeit nach. Der Schnee schmilzt, zurück bleibt Wasser. Aber wie viel? Nur etwa ein Zehntel bis ein Fünftel Liter (3).

Das zeigt: Frisch gefallener Schnee besteht zum größten Teil aus Luft. Beim Schmelzen entweicht sie. Nur ein kleiner Teil des Schnees besteht aus Eis, das beim Schmelzen zu flüssigem Wasser wird.

3

Schützende weiße Decke

Kein Wunder, dass frischer Schnee so leicht ist, wenn er vor allem aus Luft besteht. Übrigens ist für viele Pflanzen und Tiere eine Schneedecke überlebenswichtig: Sie hilft ihnen, tief im Boden verborgen die frostige Zeit zu überstehen. Denn die Luft, die im Schnee eingeschlossen ist, wirkt ebenso wie die Luft zwischen den Federn einer Bettdecke: Sie hält warm und schützt so die Bodentiere vor Frost.

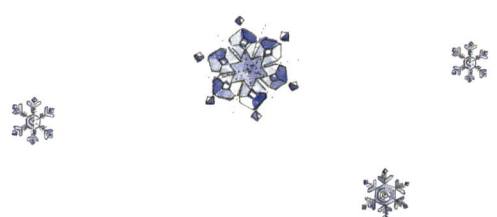

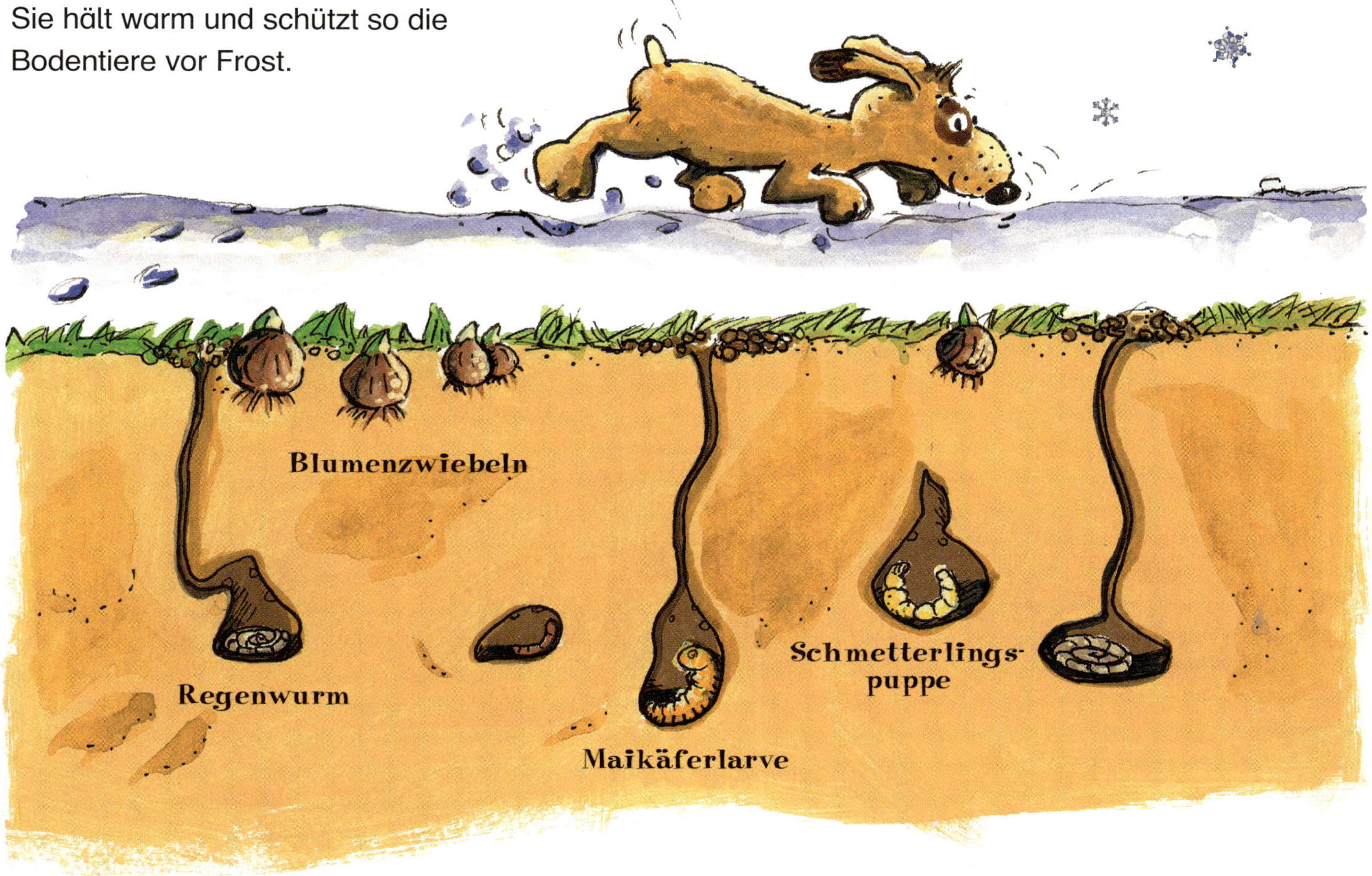

Blumenzwiebeln

Regenwurm

Maikäferlarve

Schmetterlingspuppe

Warum ist frischer Schnee so leicht?

Schnee und Regen fallen beide vom Himmel auf die Erde. Ein Regentropfen aber fällt rasch, eine Schneeflocke dagegen schwebt langsam herab. Warum ist ein Regentropfen viel schneller als eine Schneeflocke von gleicher Größe?

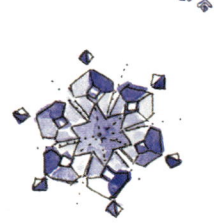

Du brauchst:
- schwarzer Stoff
- Lupe
- fallende Schneeflocken

So geht's: Lege den schwarzen Stoff zunächst eine Stunde in eine kalte Umgebung. Fange die herabrieselnden Schneekristalle mit dem Stoff auf. Schaue sie gleich mit der Lupe an – längeres Warten zerstört ihre vergängliche Schönheit und auch ein Atemhauch lässt sie zerschmelzen. Meist erkennst du feine Sternchen, die in einer Flocke zusammenhängen (bei großer Kälte allerdings fällt der Schnee in Form von feinen Plättchen). Jedes dieser Schneesternchen hat genau sechs Strahlen; es sei denn, einige sind abgebrochen. Die Schneesterne sind aus Eis, denn sie schmelzen in der Wärme zu flüssigem Wasser.

2

Das zeigt: Schneeflocken bestehen aus zahlreichen Schneesternen, deren Strahlen sich verhakt haben. Dadurch schließen sie viel Luft ein. Außerdem sind sie so viel größer als ein gleich schwerer Regentropfen und segeln daher gemächlich zur Erde – so wie ein Stück Papier langsamer zu Boden gleitet als eine gleich schwere Papierkugel.

Wunderschöne Vielfalt

Schon gewusst?

Jeder Schneestern hat übrigens ein etwas anderes Aussehen: Es gibt Schneekristallbeobachter, die Tausende von Schneesternen untersucht und fotografiert haben und darunter keine zwei exakt gleichen gefunden haben. Denn jeder Kristall durchfliegt verschieden warme und feuchte Luftschichten. Das hat natürlich starken Einfluss auf das Wachstum der Eiskristalle, und weil die Umgebungsbedingungen ständig wechseln, entstehen so viele unterschiedliche Formen. Alle aber haben sechs Ecken oder Strahlen.

Wie Schnee entsteht

Für Schlaumeier

1 Schnee bildet sich hoch oben in den Wolken. Wolken enthalten viel Wasserdampf.

2 Der Wasserdampf lagert sich an winzige Staubteilchen an und gefriert dabei zu Eis.

3 Während Winde diese zunächst winzigen Eiskristalle umherwirbeln ...

... lagert sich immer mehr Wasserdampf an und lässt sie wachsen. Bei kalten Temperaturen bilden sich dabei sechseckige Plättchen, bei etwas höheren Temperaturen sechsstrahlige Sterne.

4 Schließlich sind die Schneesterne so groß, dass sie zu Boden sinken. Oft sind sie dann mit anderen Schneesternen verzahnt und bilden so Schneeflocken.

Forscherfrage 39

Warum ist Schnee weiß?

Dass Schnee weiß ist, ist für uns selbstverständlich. Aber du weißt ja, woraus Schnee besteht: aus Luft und Eis. Luft ist nicht weiß. Und Eis auch nicht – das weißt du von der Eisschicht auf einer Pfütze oder vom Eiswürfel aus dem Gefrierfach. Ob es vielleicht die Mischung macht?

Du brauchst:
- Eiswürfel
- Gabel
- farblose Folie (Frischhaltefolie aus der Küche)
- Eiweiß von einem rohen Ei
- Rührbesen
- weißes Papier
- Taschenlampe

So geht's: Kratze mit der Gabel etwas Eis vom Eiswürfel ab. Du erhältst kein farbloses, sondern ein weißes Pulver, offenbar ein Gemisch aus winzigen Eiskristallen und Luft.

Farblose Stoffe kräftig mit Luft gemixt ergeben offenbar immer Weiß. Du kennst das etwa vom Seifenwasser, das weißen Schaum bildet. Einen noch schöneren Schaum formt Eischnee. Schlage das Eiweiß mit dem Rührbesen kräftig.

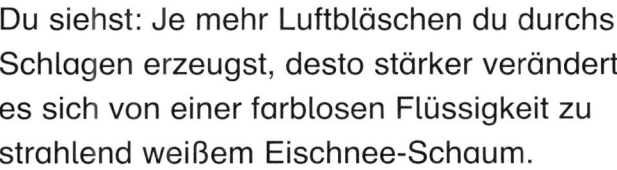

1

2

3

Du siehst: Je mehr Luftbläschen du durchs Schlagen erzeugst, desto stärker verändert es sich von einer farblosen Flüssigkeit zu strahlend weißem Eischnee-Schaum.

Das zeigt: Tatsächlich kann man farblose Dinge weiß machen, wenn man sie mit Luft vermischt. Doch was steckt eigentlich genau dahinter?

Offenbar ist das eine Erscheinung, die mit dem Licht zu tun hat. Denn Schnee ist bekanntlich dann besonders strahlend weiß, wenn er kräftig von der Sonne beschienen wird. Aber hast du schon einmal Schnee bei völliger Dunkelheit gesehen? Schaue ihn dir einmal in einem dunklen Zimmer an! Dann ist er nämlich auch unsichtbar wie alles andere. Es hängt also offenbar mit der Beleuchtung zusammen, ob etwas weiß erscheint.

So geht's: Lasse den Lichtstrahl der Taschenlampe durch die glatte Folie auf das Papier fallen. Das Licht – das erkennst du an dem Schatten auf dem Papier – wird durch die Folie nur geringfügig geschwächt. Dafür wirft die Folie aber auch nur wenig Licht zurück, denn sie ist kaum sichtbar.

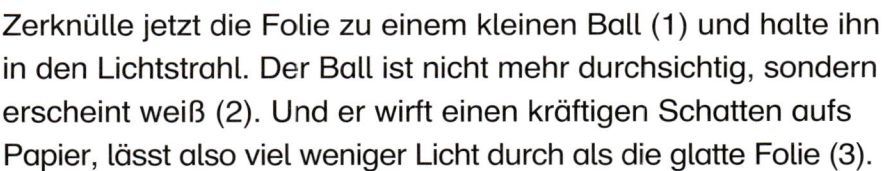

Zerknülle jetzt die Folie zu einem kleinen Ball (1) und halte ihn in den Lichtstrahl. Der Ball ist nicht mehr durchsichtig, sondern erscheint weiß (2). Und er wirft einen kräftigen Schatten aufs Papier, lässt also viel weniger Licht durch als die glatte Folie (3).

Das zeigt: Ob ein Gegenstand durchsichtig erscheint oder weiß, hängt damit zusammen, wie er das auftreffende Licht beeinflusst. Stelle dir den Weg des Lichts vor. Bei der glatten Folie kommt es problemlos hindurch, nur ganz wenige Lichtstrahlen werden von der glatten Oberfläche der Folie zurückgespiegelt. Anders bei der zerknüllten Folie. Dort geraten sie in eine Art Irrgarten. Nachdem sie in den Ball eingedrungen sind, treffen sie immer wieder auf ein anderes Stück Folie. Die Lichtstrahlen werden dabei ständig in eine andere Richtung gelenkt. Nur ganz wenigen gelingt es, bis zum Papier hindurchzuschlüpfen; daher der Schatten. Die meisten fliegen vom Ball aus in ganz unterschiedliche Richtungen davon (4), nicht wenige kommen auch von verschiedenen Stellen des Balls aus zurück in dein Auge. Und daher erscheint der Ball dem Auge weiß. Beim Schnee sind es die vielen Eiskristalle, die den Weg der Lichtstrahlen verändern. Beim Eischnee und beim Seifenschaum tun das die Oberflächen der Bläschen.

Schnee wird alt

Beobachte einmal, was mit frisch gefallenem Pulverschnee in den folgenden Tagen geschieht. Anfangs ist er noch weich und luftig. Aber das bleibt nicht so. Selbst wenn es in den nächsten Tagen noch kalt ist, wird er schwerer und weniger luftig. Denn die feinen Nadeln der Schneesterne schmelzen zum Teil und gefrieren wieder, der Schnee sackt langsam zusammen – „Neuschnee" wird zu „Altschnee". Scheint dagegen bei großer Kälte die Sonne, taut ihre Wärme nur die Schneeoberfläche an. Dort entsteht eine festere Schicht aus dichtem, wieder gefrorenem Schnee und Eis, der „Harsch". Darunter bleibt der Schnee locker. Gehst du über Harschschnee, durchbrichst du die gefrorene Schicht und sackst ein. Hoch oben im Gebirge gibt es schließlich noch „Firn". So nennt man Schnee, der schon über ein Jahr liegt und durch mehrfaches Antauen und Wiedergefrieren ziemlich hart und dicht geworden ist.

Schnee ist nicht gleich Schnee

Es gibt viele unterschiedliche Sorten Schnee. Am leichtesten ist der feine „Pulverschnee". Er fällt, wenn es recht kalt ist (deutlich unter Null Grad Celsius). Für Schneeballschlachten eignet er sich allerdings weniger gut, denn er backt schlecht zusammen. Das tut dagegen der „Feuchtschnee". Er fällt, wenn es etwas wärmer ist (um Null Grad Celsius). Zwischen seinen Schneesternen enthält er winzige Tröpfchen flüssigen Wassers. Presst man ihn zusammen, gefrieren sie und halten den Schneeball zusammen. Ist es noch etwas wärmer, fällt bisweilen sogar „Nassschnee" vom Himmel. Er enthält etwas flüssiges Wasser und ist besonders schwer und klebrig – manchmal bricht er mit seinem Gewicht Äste von Bäumen ab.

Index

Lösung von Seite 32: Sydney: 17.00 Uhr
Tokio: 14.00 Uhr

Impressum

Hinweis: Die Experimente in diesem Buch sind von Autor und Verlag sorgfältig ausgewählt und geprüft worden. Dennoch kann keine Garantie übernommen werden. Eine Haftung seitens des Autors oder Verlags ist ausgeschlossen.

Bildquellennachweis: Archiv Tessloff Verlag, Nürnberg: S. 11, 13, 57, 59, 63, 66, 71; Corbis, Düsseldorf: S. 6; Focus, Hamburg: S. 9, 65; Kenneth G. Libbrecht, USA: S. 75; Mauritius, Mittenwald: S. 45; Picture Alliance, Frankfurt: S. 79; Zefa, Düsseldorf: S. 23.

Die Schreibweise entspricht den Regeln der neuen Rechtschreibung.

Copyright © 2005 Tessloff Verlag,
Burgschmietstraße 2-4, 90419 Nürnberg
www.tessloff.com   www.wasistwas.de

ISBN 3-7886-1375-0